程谪凡教育文集

程谪凡◎著

安徽师范大学出版社
ANHUI NORMAL UNIVERSITY PRESS
·芜湖·

图书在版编目(CIP)数据

程谪凡教育文集 / 程谪凡著 .— 芜湖：安徽师范大学出版社，2022.2
ISBN 978-7-5676-3565-4

Ⅰ. ①程… Ⅱ. ①程… Ⅲ. ①教育－文集 Ⅳ. ①G4-53

中国版本图书馆CIP数据核字(2018)第107123号

程谪凡教育文集 程谪凡◎著

责任编辑：辛新新 责任校对：何章艳
装帧设计：王晴晴 汤彬彬 责任印制：桑国磊
出版发行：安徽师范大学出版社
芜湖市北京东路1号安徽师范大学赭山校区
网 址：http://www.ahnupress.com/
发 行 部：0553-3883578 5910327 5910310(传真)
印 刷：江苏凤凰数码印务有限公司
版 次：2022年2月第1版
印 次：2022年2月第1次印刷
规 格：700 mm × 1000 mm 1/16
印 张：15.25
字 数：213千字
书 号：ISBN 978-7-5676-3565-4
定 价：50.00元

纪念程谪凡先生

程谪凡先生（1912—2007）是教育科学学院资深教授,也是我校知名教授之一，教育理论家。1935年毕业于省立安徽大学教育系；毕业后任安徽省教育厅视导员，后任省立高琦小学校长。抗日战争期间，避难湘西，先后任国立八中初中一分校和二分校校长。抗战胜利后任教于省立安徽学院，随后历任国立安徽大学、安徽大学、安徽师范学院、皖南大学、安徽工农大学、安徽师范大学教育系副教授、教授。新中国成立前后都在我校工作，教授教育学、中国教育史、逻辑学等多门课程，是中国教育史硕士生导师。学术功底深厚，教学认真负责，深受学生的欢迎和尊敬。曾任安徽省教育史研究会名誉会长、名誉理事长；1957年至1958年任安徽师范学院附中校长。1949年4月参加中国民主同盟，享受离休待遇。

先生治学严谨，对教育学、中国教育史、逻辑学都有研究，都有较深造诣，在学术界享有盛誉。他在大学学习期间撰写的《中国现代女子教育史》，1936年由上海中华书局出版，被誉为中国教育史上研究中国新式女子教育的第一部专著，现在有多人撰文推崇或在著作中论及，影响较广。1989年上海教育出版社出版的《教育大辞典》，列有专条介绍；2016年河南人民出版社又将其作为“民国专题史”丛书之一再版。其学术价值不言而喻。在教育学研究方面，他是最早提出教育学中国化的学者之一。新中国成立初期我国学习苏联，教育学也学习苏联。到20世纪50年代中期，在反思学习苏联教育学过程中，“教育学中国化”问题逐渐凸显出来。1955年夏，教育部在上海召开了一次高师教育学大纲讨论会，先生在会上就提出要创建和发展新中国的教育学。他的《对教育学大纲的意见》发表在1956年11月26日《光明日报》。现在学术界都认为他是最早提出教育学中国化的学者之一。瞿葆奎在其《中国教育学百年》（中），郑金洲、程亮在其《中国教育学研究的发展趋向》等文中都这样认为，并给予很高评价。瞿、郑两文分别发表在《教育研究》1999年第1期和2005年第11期。程先生还有多篇论文发表在《安徽师大学报》等刊物上，都很有价值。他的《逻辑学基础》，作为教材，为教育系、中文系、政教系十多届学生所采用。他的学术著作，即将由安徽师范大学出版社结集出版，共三部。

我和程先生相识，是1970年合肥师范学院拆并到芜湖后，当时称安徽工农大学，还是“文化大革命”时期，和他接触不多；1980年教育系恢复招生后，由于工作关系和他交往多起来。他的为人为事高风亮节，令人敬仰。1982年，学校办中学校长培训班，请他讲授“中国高等教育史”，当时没有现成教材，他是自编讲义，边讲边写，内容充实，讲授精要，受到校长们的欢迎。就在讲授过程中，发现面部有个肿块，经弋矶山医院检查，诊断为恶性淋巴肿瘤。他的子女将病理切片拿到上海、北京相关医院化验，都确认了弋矶山医院的诊断。这是被视为不可治愈的病症，学校当即劝其停课治疗，学员们也同样劝慰。先生不以为然，坚持要将课授完。我们到医院看望他时，他还躺在病床上修改讲稿。谈到病况时，他说：“‘人生七十古来稀’，我今年七十一岁，算是高龄了。病情即使不治，也没有什么遗憾。”心境坦然，也许是他有这样的心境，加上药物治疗，他的病情没有发展，还活到96岁，可谓“仁者寿”。

先生对工作同样认真负责，敢于担当。20世纪八九十年代，教师评职称，鉴于先生的学术威望，系和学校职称评审组一般都请他参加，担任评委。他坚持原则，秉公办事。根据评审标准，够条件的，他积极推荐；不够条件的，他也坦诚直言，指出其不足。一次有位教师要晋升教授，在系评审组没有通过，其材料又拿到校评审组，在校评审组也没有通过。先生指出：按照评审程序，校评审组只接受系评审组报送的材料；系评审组没有通过，又拿到校评审组再评，这不符合评审规则。

先生淡泊名利，与世无争。20世纪90年代初开始，国家对有贡献的知识分子给予生活补贴，称国务院特殊津贴。享受者不仅有生活补助，也是一种荣誉。申报程序是本人申请，学校审查，报省审批。记得是1992年，我拿了申报表，请先生填报，他说我已经退休了，这种津贴我就不要了，不愿填报。我解释说：根据相关文件精神，凡“文革”前四级以上教授，当然享受，不要申请，只要填个表就行了。这样他才填了，享受国务院特殊津贴。先生一向为人低调，清正自守；宽厚待人，提携后进。这也许是他的特点。

人称“学高为师，身正为范”。先生可谓学高身正，堪为人师。一生从教，培养了众多人才，在教育理论上多有建树。今撰此文，谨以纪念。

杨克贵

二〇二一年十二月二十六日

（原文曾发表于《安徽师范大学学报》2019年9月30日第4版，有少许改动）

目　录

第一篇　教育基本理论研究

谁应该负教育孩子的责任

《芜湖日报》附刊《家》曾就教育孩子的问题展开讨论，陆续发表了好几篇读者的意见。这样的讨论，对家庭、学校和社会都是有益的。现在，我先就“谁应该负教育孩子的责任”这个问题，谈谈我个人的意见，请家长和教师们指正。

教育孩子是我们社会生活中的一件大事，因为孩子是我们的希望，是我们的接班人。今天，在我们面前的孩子，十年二十年后将是建设我们伟大祖国的工人、农民、战士、教师、医生、工程师、科学家……

究竟谁应该负教育孩子的责任？在讨论中，有的家长责怪教师没有把孩子教育好，有的教师却埋怨家长不该推脱教育孩子的责任。孩子的好坏，究竟责在教师还是责在家长，这是一个复杂的问题。如果教师只管教书不育人，那当然是不对的。但是，把孩子一切不好行为的责任都推在教师身上，那也是不公平的。

孩子生来本无所谓好坏。孩子的思想品德和行为习惯是在环境和教育的影响下形成的。家庭是孩子最初和最亲近的环境，而父母则是孩子的第一任“教师”。俗话说：“三岁看大，七岁看老。”这句话是有一定的科学意义的（当然不能把它绝对化）。因为从孩子幼小的时候起，对孩子进行合理教育，培养其优良的行为习惯，是比较容易的事。如果一开始就养成了不好的行为习惯，以后再来改正就费力多了。孩子进入学校以后，教师负起了教育孩子的重大责任。但是，这并不等于说家长就可以不管了。这个时期，孩子虽然上了学，但仍有很大一部分时间生活在家庭里。家庭，特别是父母给予孩子的影响，在孩子身上仍然起着巨大的作用。因此，无论是在孩子就学以前，还是就学以后，父母始终都负有教育孩子的责任。教育孩子是家庭的重要职能，是父母对国家、对社会的神圣职责。

学校是国家特设的教育孩子的专门场所，而学校的中心人物是教师。一般来说，教师不仅有学问，还有教育孩子的丰富知识和技巧。这就决定了学校和教师在儿童教育工作中的主导作用。教师不仅要关心学生在学校中的学习和行为，还要关心他们在家庭中的生活。因为学校和家庭生活，都在影响着孩子的成长和发展，如果把这些影响统一在共同的教育目的之下，那就可以使之成为巨大的教育力量。谁负责把这些影响统一起来呢？那当然是教师。

每一个父母都关心和爱护自己的孩子，都希望自己的孩子是一个好孩子、好学生，将来成为一个好公民。但是，单有爱护和希望是不行的，还需要有教育孩子的知识和方法。事实证明，不少父母在这方面所做的远远不够。由于父母缺乏这方面的知识，在家庭中给予孩子不良的影响和教育，其结果往往抵消了学校教育的作用。因此，问题不在于家长和教师的互相责难——这种责难是无济于事的，而在于互相合作，共同地把教育孩子的责任承担起来。在这个合作的事业中，学校和教师应该发挥主导作用，也就是说，要通过家庭访问、家长会议等形式密切学校与家庭的联系，向家长宣传教育学生的知识，与家长研究孩子的情况和教育的方法。家长也必须关心孩子的教育，主动地与教师联系，向教师请教。这样相互配合，统一步调，使孩子在家庭和学校都能获得良好的教育。

中小学如何体现全面发展和因材施教的精神

一

目前，我们学校工作中有这样一种倾向（当然不一定是普遍的）：评价一个学校的好坏，往往是以它的毕业生考取高一级学校的人数比例作为唯一的标准。当然，为高一级学校输送优秀的学生，这是一个任务。但是，如果只以升学人数的比例作为唯一评判标准（实质上是以升学考试的成绩为唯一标准），而不考虑学生在各方面的素质（如政治觉悟、健康状况、对劳动对生活的态度等），我认为是不尽妥善的。

全面发展不是平均发展，这是大家所理解的。究竟二者的界限何在？比如说，我们要求每一个学生身体健康，有体育锻炼的习惯。但是，如果不根据学生的具体条件，却要求所有的学生都参加同一项目和同一标准的锻炼，例如，让身体不好或有心脏病的学生也跟其他学生一样参加长距离赛跑，或者要求所有的学生都成为运动健将，那就是平均发展了。从这里也可看到，全面发展必须因材施教。

全面发展与个性发展并不矛盾，只有片面发展和平均发展才会阻抑个性的发展。学生的个性、爱好和特长，只有在全面发展的教育中才能表现和发展起来。例如，一个学生不学习物理，不接触无线电设备，绝不可能爱好无线电；一个学生不学习绘画，不去欣赏绘画作品，绝不可能爱好绘画，更不可能成为画家。就是具有某种特长的学生，也必须获得多方面的教育，否则，就如凯洛夫所说，他们虽可能成为一个优秀的艺术家或音乐家，然而却是一个没有文化和愚昧的人。

在教学中是否要求学生门门功课都得五分，这个问题需要明确一下。不问对象，一律要求学生门门功课都得五分，这是不切实际的，因而也是办不到的。但是，是否可以说，对某些学科或某些学生要求四分、五分，对某些学科或某些学生只要三分就行？这样的提法和做法，也是不妥的。教师应该有教好学生的信心，应该争取学生各科成绩都能达到优良标准。如果只是一般地满足于学生得三分就行，那就不可能逐步改进自己的教学工作和逐步提高学生的知识质量。但是，争取学生的优良成绩，必须从学生的实际出发。例如，一个学生学习不好，经常得两分，那么，教师对他不是要求得四分、五分，而是首先要求他得三分。如果他得了三分，我们就应该鼓励他，因为这对他而言是一个进步。当这个学生得了三分并且稳定了以后，教师是否应该满足呢？我认为不应该满足，而应该鼓励和帮助他取得更好的成绩。因此，争取学生在各科方面获得优良成绩，应作为教师在教学上的奋斗目标。不过，教师如果采取不恰当的方式（如对成绩落后的学生讽嘲、打击，或采用竞赛方式），对学生施加压力，不问对象地一律要求四分、五分，那就不妥当了。

二

课堂教学是学校教学工作的基本组织形式。为了帮助学生学好功课，教师在教学过程的各个环节中都要注重因材施教。在课堂提问时，教师应注意提问的内容，例如，某学生对学过的某一部分教材还没有掌握（通过检查作业、提问、测验等方式了解），教师就应提问他这一部分。又如，某学生向来死记公式而不善于理解，那就应该着重从理解、因果关系方面去提问他。对于学习不好但愿意学习并且自信心不强的学生（特别是留级生往往有自卑感），在课堂提问时要予以特别的注意。为了帮助他们树立自信心，应在一个时期内不要问使他们感到困难的问题。同时，只要他们表现出些微的进步就应给予鼓励。在这个基础上，再逐步提高对他们的要求。对于经常学习得很好的学生，提问的次数可以少些。对于学习好的学生，在提问中也应不同对待。对于有些学习好而自满的学生，不应多表扬，相反地，应适当地指出他不足的地方。

在讲授新课时，也应注意因材施教。特别是对那些注意力不集中的学生，应该随时提醒他们注意，那就是在讲课中常常提问他们与新课有关的已学的教材内容，或在讲完某一段或某一公式之后，叫他们起来复述或讲解一遍。对于接受能力较差的学生，也应利用上述方式帮助他们弄懂所讲的内容。在进行课堂作业时，学习程度好的学生完成得快，学习程度差的学生完成得慢。因此，除布置一般的作业以外，还应对学习程度好的学生布置补充作业，对学习程度差的学生给予适当的指导，或布置个别作业（就学生知识中的缺陷方面）。在布置家庭作业方面，也应本着这一原则，适当照顾学生学习程度的差别性。所有这些措施，都是为了帮助学生尽其所能地学好功课。

当然，单靠课堂教学是不能解决全部问题的，还必须通过课堂教学以外的形式，发展学生的所长，弥补学生的所短。我们固然不可能要求所有的学生都学习得一样好，但针对每一个学生的具体情况，帮助他们尽可能地学习得好些，这是可以做到的。因此，教师必须关心每一个学生的学习，特别要对学习成绩不好的学生予以特别的注意。

学生成绩不好，不能一概归结为不努力，其原因是多种多样的，如家庭学习条件不好、原有基础差、缺课、注意力不集中、学习方法不好等，教师应该分析研究，找出原因，给予其课外的个别帮助，如补课、布置补充作业、练习某些基本的智力技巧、指导学习方法乃至改善学生的学习条件等。但应指出，防止学生学习成绩落后的关键还在于教师讲好课，要做到当堂理解、当堂巩固，而且要经常进行检查，对学生知识中的缺陷及时加以补救。

对学生的爱好和特长也必须加以注意。抑制学生的爱好和特长是不符合全面发展的要求的。譬如，有些学生喜爱数学，在数学方面表现出较高的才能，另一些学生喜爱文学，在文学方面表现出较高的才能，还有一些学生擅长绘画或音乐，那么，教师就应该采取措施（通过课外小组活动、课外阅读指导等形式），使他们的爱好和特长得到发展。当然，发展所长并不意味着可以放弃其他学科的学习，其他学科也应该尽可能地学得好些。

三

无论是课堂教学还是课外活动的各种形式，教师对于学生的学习都必须提出严格的要求。现在有些教师误解“个性发展”“因材施教”，不敢向学生提出应有的要求，形成教者自教、学者自学的现象。这是不好的。苏联教育家马卡连柯说过，哪里没有要求，哪里就没有教育。我们主张因材施教，“施教”二字就包含着教师对学生的要求和学生执行教师要求的积极意义，没有要求就谈不上“施教”。所谓严格要求包含两个方面：第一，对学生的要求应该是从全面发展和因材施教的原则出发的。这就是说，应该根据教学大纲和学生具体条件提出要求。对不同的学生应有不同的要求，但都须遵循这样一个原则：应当尽量容易，又应当尽量难。所谓尽量容易，就是使学生在任何时候都能愉快、积极地学习，而不致畏缩不前；所谓尽量难，就是使学生在任何时候都需要做一定的努力，逐步克服困难，夺取新的堡垒。如果认为因材施教就是消极地一味迁就学生的水平，而不去设法提高它，那就错了。第二，对学生提出的要求必须要求学生严格执行。因此，教师对学生的学习要经常进行检查和督促。

教师是教育者，是儿童灵魂的工程师。我们要培养社会主义社会全面发展的成员，首先就要求我们培养出来的人具有社会主义道德。如果我们把工作仅仅局限于传授知识，只管教书不管育人，那就不能完成党和国家交给我们的伟大任务。当然，教师教好功课，使学生自觉地牢固地掌握科学知识，这是必要的。但是，知识的重要不在于它本身，而在于使学生运用学得的知识为祖国和人民服务，为建设社会主义服务。离开这个前提，知识就变成没有意义的东西了。从这个意义上说，思想品德教育比传授知识更为重要。

教育工作先是通过课堂教学来进行的。这就要求每一个教师通过教学，以社会主义思想教育学生，培养学生的共产主义道德品质。但是，通过教学进行思想品德教育只是一种途径，还必须采取其他各种各样的形式，如时事报告、班会、团队活动、课外活动、社会公益劳动、参观访问以及个别教育形式等。

四

教育工作比教学工作更为复杂，更为艰巨，因而更需要注意因材施教。由于学生的具体情况不同，所采用的教育方法也不应该是一样的。一种方法对这个学生有效，而对另一个学生却未必是合适的。因此，教师只有具体地分析学生的具体情况，针对学生的特点进行教育，才能收到应有的效果。为此，我们必须反对教育工作中的主观主义，反对不问对象的千篇一律的教育方法。

在学校教育工作中，有这样一种情况：教师往往认为对学生所犯的同样过失采取同样的处理方法是公正的。例如，两个学生同样犯了打人的过失：一个学生性情粗暴，跟同学为一件小事争论起来就举手打人；另一个学生在回家的路上，看见一个同学欺负小孩，把小孩的东西抢走了，他追上去和那个同学打了一架，把小孩的东西拿回来了。打人是粗暴的行为，在我们的社会里是不被容许的，上述两个学生同样是打人，但是具体情况不同，如果我们采取同一态度对待他们，那么在实际上是不公正的。又如，两个学生都迟到，可是他们迟到的原因不同：一个是上学前，在家里要帮助母亲做许多事情，因而迟到；另一个却是在路上贪玩而迟到。当然，我们必须纠正他们迟到的现象，但不能以同样的态度对待他们。这只是两个极简单的例子。在实际工作中，我们不知道会碰到多少更为复杂的事件。但是，就从这两个简单的事例中，也可以使我们得出结论：对不同的情况应该采取不同的方式来对待。

教育工作不是单纯地克服学生行为中的缺点，更重要的是帮助学生形成新的道德品质。而形成新的道德品质，必须根据学生的具体条件，进行复杂细致的工作，单靠一般的说教是没有效果的。

总之，要使学生获得全面的发展，必须在教学和教育工作中贯彻因材施教的精神。因材施教，不是降低而是提高了对教师的要求。教师必须热爱教育事业、热爱新生的一代，才能在工作中发挥积极性和创造性。因材施教正是教师的积极性和创造性的具体表现。

教育的本质

教育的本质是教育学中最根本性的理论问题。明确这个问题，对指导教育实践有重要的意义。

近年来，在党中央提出“解放思想”的号召下，教育学术界对教育本质问题展开了热烈的讨论，提出了许多不同的见解。概括起来，主要有三种看法：第一，教育是上层建筑；第二，教育一部分是上层建筑，一部分不是上层建筑；第三，教育就是生产力。现在（编者注：1981年3月）这个问题还在讨论中，还没有取得最后的一致结论。

今天，我就这个问题谈谈我个人的看法。这个看法仅作为我思考这个问题的发言，不能算是讲课。讲的内容若有错误，请同志们批评、指正。下面我将从四个方面来讲：一是教育是复杂的社会现象；二是教育具有上层建筑的性质；三是教育具有生产力的性质；四是从教育本质看党的教育方针。

一、教育是复杂的社会现象

什么是教育？怎样理解教育这个概念？从广义方面来说，教育是指一切增进人们知识、技能，改变人们的思想意识的活动。当然，我们讲教育，主要是讲学校教育。从这个意义上来说，教育是教育者按照一定的目的，对受教育者施加有计划、有组织、系统的影响，发展他们的体力和智力，使他们获得一定的知识技能，养成一定的思想、品德的活动。概括地说，教育就是培养人的一种活动。人初生下来是一个自然的实体，通过教育，把人这种自然的实体培养成为符合一定社会要求的社会成员。

马克思说过："后代的肉体的存在是他们的前代决定的，后代继承着前代积累起来的生产力和交往形式。"[①]这就是说，人要成为一个社会成员，单有一个自然实体还不够。人们为了生存，必须继承前代积累起来的已有的生产力，必须适应现成的社会关系。这就决定了人必须受教育，必须有一个培养过程。在培养过程中，一方面要通过灌输思想，培养行为习惯，传授一定的社会生活经验，使人能够适应现存的社会生活；另一方面，要传授前代积累起来的文化科学知识、生产经验和劳动技能，使人能够参加社会生产。这样就形成了教育既要传授社会生活经验，又要传授生产劳动知识的双重职能。

教育的这种双重职能，并不是现代社会才有的。自从有了人类社会，就有了教育，也就有了教育的双重职能。我们知道，教育起源于生产劳动。劳动创造了人，创造了人类社会，也产生了教育。在生产劳动过程中，人们不仅获得了物质生产的经验，而且由于人们在劳动过程中的相互协作，也形成了一定的劳动秩序和生活习惯，积累了社会生活的经验。为了维持和延续人们的社会生活，年老一代便把积累起来的生产劳动经验和社会生活经验传授给新的一代，使他们能够从事生产劳动和适应现存的社会生活。这就是教育的起源。尽管最初的人类社会生产力水平很低，教育还没有从生产劳动过程中分化出来，教育的内容非常简

① 马克思恩格斯全集：第3卷[M].北京：人民出版社，1960：515.

单，教育只在生产劳动实践和社会生活实践中进行，但教育的两种职能都已经存在了。

教育是培养人的一种活动，而人是社会的主体。因此，教育就与社会的各个方面有联系，而教育也就成为复杂的社会现象，具有多种多样的性质。教育既具有历史性，也具有永恒性；既具有阶级性，也具有生产性。所谓历史性，教育要受人类社会的历史条件制约，在不同的历史时期，教育就有着不同的特点。但教育又具有永恒性，任何社会都不能没有教育。没有教育，社会就不能存在，不能发展。教育具有永恒性，就是说，只要有人类社会存在，就必然有教育存在。在阶级社会中，教育为一定的阶级利益服务，这就是教育的阶级性。但是教育又具有生产性，为发展社会生产力服务。过去教育学只讲教育的历史性和阶级性，不讲或很少讲教育的永恒性和生产性，因而只把教育归结为社会的上层建筑，归结为阶级斗争的工具。

所以说，教育是复杂的社会现象。从它的本质属性来说，它既具有上层建筑的性质，又具有生产力的性质。

二、教育具有上层建筑的性质

马克思采用经济基础和上层建筑的概念来说明社会的结构，是把社会比作一座大厦。社会这座大厦有它的根基，即社会的基础。经济基础指的是人们生产关系的总和，也就是社会经济制度。在经济基础之上，建立起社会的上层建筑。经济基础和上层建筑当然不像普通建筑物各部分之间的关系那样简单。经济基础和上层建筑的关系是：经济基础决定上层建筑，经济基础发生变革，上层建筑也一定随之发生变革；而上层建筑反映经济基础，并且反作用于经济基础，为经济基础的巩固、发展而服务。这就是它们之间的关系。

马克思在分析上层建筑的结构时，虽然没有把教育列入上层建筑之中，但这不等于说马克思就认为教育不具有上层建筑的性质，教育就可以不受社会关系的制约。为了反击资产阶级诬蔑无产阶级用社会教育代替家庭教育就是消灭人们最亲密的关系的论断，马克思和恩格斯在《共产党宣言》中写道："而你们的教育不也是由社会决定的吗？不也是由你们借以进行教育的那种社会关系决定的吗？不也是由社会通过学校等等进行的直接的或间接的干涉决定的吗？共产党人并没有发明社会对教育的影响；他们仅仅是要改变这种影响的性质，要使教育摆脱统治阶级的影响。"①在这里，马克思、恩格斯明确指出，在阶级社会中，教育是由社会关系决定的，是为统治阶级的利益服务的。

从教育史来看，从原始社会过渡到奴隶社会，由于生产力的发展和剩余产品的出现，教育便从生产实践和生活实践中分离出来，产生了专门的教育机构——学校。与此同时，出现了脑力劳动和体力劳动的分离，教育与生产劳动的分离。教育为占统治地位的奴隶主阶级所垄断，成为维护他们的阶级统治的工具，于是出现了教育的阶级性。

拿我国的奴隶社会来说，以西周为例。据古籍记载，西周已有国学和乡学。在天子的首都有辟雍，诸侯的都城有泮宫，二者都是大学，也都是国学。这种学校是奴隶主贵族子弟入学的地方。西周的分学，根据《周礼》记载，乡有庠、州有序、党有校、闾有塾。乡、州、党、闾是西周的各级地方组织，这些学校也只收奴隶主的子弟，奴隶是不能入学的。无论是国学还是乡学，都在为奴隶主阶级培养统治的人才。就当时的教育内容来说，就是所谓"六艺"——礼、乐、射、御、书、数。"礼"是区分上下尊卑，维持世袭等级制的典章制度和道德规范。"乐"是祭祀天地鬼神祖先、颂扬帝王贵族、鼓舞军心的音乐和舞蹈。周代奴隶主阶级认为礼乐的教育作用很大，"礼所以修外""乐所以修内"，把

① 马克思恩格斯全集:第1卷[M].北京:人民出版社,1972:269.

礼乐作为修养和应世的工具。奴隶主贵族之所以重视礼乐的教育，更重要的原因，是教育奴隶主各阶层都要遵守等级名分，不得逾越，以巩固奴隶主阶级的统治。“射”是射箭，“御”是驾车。射御是为了镇压奴隶反抗，进行作战所必须具备的本领。当时的主要武器就是箭，而且以车兵为主，车兵称为甲士（使用战车作战的兵士）。这种甲士只许奴隶主贵族充当，所以必须在贵族中挑选子弟出来充当甲士。这种甲士除了要有射箭的能力以外，还要有驾御战车的能力。所以射、御都是奴隶主贵族教育的重要内容。除了礼、乐、射、御以外，还有书、数。“书”是语言文学的读、写和文学、历史方面的教育。“数”是计算以及历法、天文等有关自然方面的教育。书、数在整个教育内容中处于次要的地位，因为奴隶主贵族最需要的训练是礼乐和射御，书、数的知识不是那么重要。但是学校传授知识的作用也就越来越明显。书、数两种知识技能发展到西周已达到较高水平。西周学校以六艺为教学科目，无非是供奴隶主阶级的子弟学习一套管理国家、镇压奴隶和参与作战的本领，培养他们成为巩固奴隶制社会的统治人才。

在封建社会，教育更加发达，教育的阶级性表现为奴隶主阶级的垄断、控制变为封建地主阶级的垄断、控制。以学校制度较为完备的唐朝为例，唐朝由中央直接设立的学校有“六学”（国子学、太学、四门学、律学、书学、算学）、“二馆”（崇文馆、弘文馆）。这些学校不仅具有阶级性，而且具有明显的等级性，如国子学限定招收文武官三品以上的子孙入学，太学限定招收文武官五品以上的子孙入学。二馆只收皇帝、皇后的近亲及宰相大臣的子孙入学。地方学校有府学、州学、县学，入学条件虽无严格的等级限制，但由于名额有限（上等县县学的学生名额才40人，下等县县学的学生名额只有20人），能入学的也只是地方官吏和富豪地主的子弟，农民和手工业者的子弟是不能进入的。这些学校的教学内容，主要是儒家的经典著作：“四书”（《论语》《孟子》

《大学》《中庸》)、“五经”(《诗》《书》《易》《礼》《春秋》),还有“三纲”“五常”一类的传播封建伦理思想的内容,目的是把受教育者培养成为封建制度服务的人才。在学校之外,还建立了一套科举制度和学校相配合,为封建统治阶级选拔官吏,并借以控制学校教育的方向,使学校教育更好地为封建统治者服务。

到了资本主义社会,学校教育出现了新的情况。随着机器生产的发生和发展,占统治地位的资产阶级不仅要利用教育培养本阶级的统治人才,还要给劳动人民的子女以一定的受教育的机会。正如斯大林所说:“新的生产力要求生产工作者比闭塞无知的农奴更有文化、更加伶俐,能够懂得机器和正确地使用机器。因此,资本家宁愿利用摆脱农奴制羁绊、有相当文化程度来正确使用机器的雇佣工人。”①

随着现代化工业生产和科学技术的发展,资产阶级为了获得更大的利润和发展企业竞争的能力,大力发展教育,他们实行普及中等教育,增设中等、高等专业学校,培养具有文化科学知识、重视先进生产技术的熟练劳动者和科技人员。同时,在学校教育中,又对受教育者灌输资产阶级的政治思想、道德观念,用宗教和资产阶级生活方式麻痹和腐蚀劳动人民的子女,使他们如列宁所说的,既能为资本家创造利润,又不惊扰主人的安宁。

社会主义社会的教育,是我们大家正在从事的工作,是我们所熟悉的。当然也具有阶级性,具有上层建筑的性质。

综合以上所述,从本质属性来看,教育是具有上层建筑的性质的。这主要表现在:(1)一定社会的统治阶级通过政权,把教育权牢牢掌握在本阶级的手中,使教育为他们的阶级统治服务;(2)在培养什么样人的问题上,完全按照统治阶级的利益和需要来决定;(3)教育思想,教育的路线、方针、政策,教育制度以及运行教育的标准和要求

① 斯大林文选:1934—1952(上)[M].北京:人民出版社,1962:201.

等，都要受经济基础（即社会经济制度）所决定，随着经济基础的变化、发展而变化、发展；（4）上层建筑领域中的政治、法律、宗教、艺术、哲学观点的传授和政治、法律等机构工作人员的培养都有赖于教育。这四点就是教育具有上层建筑的性质的具体表现。

教育具有上层建筑的性质，这是教育本质的一个方面，教育还具有生产力的性质。

三、教育具有生产力的性质

教育具有生产力的性质，可以从以下几个方面来说明。

（一）教育与生产的直接联系

前文已经讲过：教育起源于生产劳动。在原始社会中，对年轻一代传授生产知识和劳动技能是在生产实践中进行的，教育与生产是直接联系的。到了奴隶社会，学校产生了，教育与生产相分离，成为培养统治人才的手段。奴隶社会和封建社会的生产力，虽然相比原始社会的生产力有了很大的发展，但比起大工业生产来，生产力的水平还是很低。它们的生产都是使用手工工具，需要的是生产者个人的手工技巧和世代相传的经验常规，不需要什么科学知识。因而在很长的历史时期，生产知识和劳动技能的传授，是在生产过程中依靠家长带弟子、师傅带徒弟的方式进行的。即使在这种情况下，教育和生产的联系也还是有的。如前文讲的西周奴隶社会学校教育科目“六艺”中的“数”，讲的就是计算（如九九乘法表）和天文、历法，这是与农业生产有关的。封建社会的唐中央“六学”中有算学，只是招收学生的名额少，只有三十名（国子学三百名，国子学五百名），入学资格是八品以下之子和庶人通其学者。另外，中央还有医学、天文、历数、兽医等。宋和唐差不多。北宋胡瑗（人称安定先生）先后在苏州、湖州州学任教授。他在州学中设经学、治事二斋（可以说是两个专业），经学斋“讲明六经”，治事斋则分农田、水利、军事、天历（天文、历法）、算学等科。胡瑗的这种分科教学的方法，成为宋朝著名的“苏湖教法”。虽然如此，就奴隶社会和封建社会的整个教育来说，和生产的联系是比较薄弱的，教育几乎成了纯粹的上层建筑。只有到了资本主义社会，随着工业化、现代化的发展，要求学校承担传授生产知识和劳动技能，培养各种类型的具有不同文化科学技术水平的劳动者的任务，这就使得教育和生产劳动在新的基础上发生更广泛、更直接、更密切的联系。

（二）教育是劳动力再生产的手段

生产力包括劳动力和生产资料（主要是生产工具）等因素，而劳动力是生产力中最基本最活跃的因素，因为作为劳动力的人具有主观能动性，只有人才能创造和改进生产工具，改善劳动对象，推动生产的发展。在大工业生产中，作为劳动力的人必须具有一定的生产知识和劳动技能，才能操纵机器，进行生产。而一定的生产知识和劳动技能的传授则有赖于教育。马克思说：“教育会生产劳动能力。”[①]又说：“要改变一般人的本性，使它获得一定劳动部门的技能和技巧，成为发达的和专门的劳动力，就要有一定的教育或训练。”[②]马克思所说的“一般人的本性”是指一般人所具有的劳动素质（能劳动是人的本性），通过教育或训练，可以使具有劳动素质的一般人，掌握一定的劳动部门所需要的文化科学技术知识和操作技能，从而变成专门的劳动力。所以，教育是劳动力再生产的手段，没有劳动力的再生产，也就没有社会的再生产，更不必说发展社会生产了。

① 马克思恩格斯全集：第26卷（第一册）[M].北京：人民出版社，1972：210.

② 马克思恩格斯全集：第26卷（第一册）[M].北京：人民出版社，1972：190.

随着工业化、现代化生产的发展，劳动部门对劳动者的文化科学知识和技术水平的要求越来越高，教育作为劳动力再产生的手段也越来越重要。以日本为例，1965年在新就业人员中，初中毕业生占41.8%，高中毕业生占46.8%，大学毕业生占11.4%。仅仅过了10年，到1975年，这一比例倒过来了。在新就业人员中，初中毕业生仅占9.1%，高中毕业生占57.3%，大学毕业生占33.6%。[①]可见教育在现代化生产中所起的作用越来越大。

上面说的是培养新的劳动者，这是教育在劳动力再生产过程的中一个方面的任务，教育还有另一个任务，即提高在业劳动者的文化科学技术水平。由于科学技术发展迅速，我们已经掌握的科学技术知识和所使用的生产设备发生了“老化”。为了发展生产，这两个方面的“老化”都有一个不断更新的问题。生产设备要不断更新，我们所掌握的科学技术知识也要不断更新。据国外统计，18世纪时知识“老化”周期为80～90年，19世纪到20世纪初缩短为30年，目前又缩短到5～10年。有人调查，1965年的大学毕业生，10年后，他们所学的知识已有70%“老化”了。对“老化”的知识进行更新，这就需要一个再教育的过程。如果对在业劳动者已经掌握的文化科学技术知识不进行补充和更新，他们就不能适应科学技术发展的需要，就不能掌握更新的技术装备。对在业劳动者进行再教育之所以必要，还因为随着科学技术日新月异地发展，原有的工业部门不断改组，新型的工业部门不断出现。也就是说，有些工种和技术被淘汰而同时又出现许多新工种和新技术，这样，职工的职业就会不断地发生变化。马克思说：“大工业的本性决定了劳动的变换、职能的更动和工人的全面流动性。”[②]马克思生活的时代是蒸汽机时代，而今进入电子计算机时代，一些工种和技术被淘汰，新

① 汪海波.教育部门是一个重要的生产部门[J].教育研究,1980(5):13.

② 马克思恩格斯全集:第20卷[M].北京:人民出版社,1971:319.

工种新技术不断出现，那就更加不足为奇了。所以，在工业化、现代化生产的条件下，为了避免在业劳动者学到的科学技术知识“老化”，维持和提高其就业能力，或是使他们能够适应职业变化的需要，增强其更新职业的能力，就必须对在业劳动者继续进行教育。

马克思曾说，教师的服务是“使劳动能力具有专门性”，是“使劳动能力保持下去”[①]。这就是说，无论是培养新的劳动者，还是提高在职劳动者的技能，都要依靠教育，都要依靠教师的服务。

（三）教育使科学由知识形态上的生产力变为直接的生产力

马克思说，生产力里面也包括科学在内。这就是说，科学是生产力。马克思还说，机器大工业生产，要求以自然力来代替人力，以自觉应用自然科学来代替从经验中得出的成规。这就是说，在机器大工业生产条件下，生产要依靠自然科学的自觉运用。生产过程没有自然科学的参与，社会生产就不能进行，不能发展。在马克思的时代，自然科学在生产中的作用就已如此显著，而在今天，科学技术的发展日新月异，尖端科学、尖端技术层出不穷。作为生产力因素的科学，在生产过程中的作用就更加重要了。

作为生产力来讲，自然科学是“知识形态上”的生产力。这种生产力是间接的生产力，不是直接的生产力，也就是说，它还不能直接产生物质财富。要使自然科学变成物质的力量，即变成直接的生产力，就要经过一个“物化”的过程，即把精神财富化为物质力量的过程。这个“物化”过程主要表现在两个方面：一是“物化”在劳动力上，这就是使作为劳动力的劳动者掌握科学技术，并把它用于生产实践。如何使劳动者掌握科学技术？那就有赖于教育，通过教育使劳动者掌握科学技术，这就使科学技术这种“知识形态上”的生产力变成物质力量，变成

① 马克思恩格斯全集：第26卷（第一册）[M].北京：人民出版社，1972：159.

直接的生产力。二是“物化”在生产资料上（主要是生产工具），这就是把科学研究成果用到改变生产资料上，使科学研究成果变成技术革新，变成技术上的发明创造，从而使科学变成直接的生产力。在这个“物化”过程中，教育虽不像在前一个“物化”过程中那样起直接的作用，但起着间接的作用，也就是说，通过教育来培养具有各种不同科学技术水平的科学技术人员，再通过他们来实现科学在生产资料上的物化，使科学成为直接的生产力。所以，科学是生产力，就它本身来说，它是“知识形态上”的生产力。经过“物化”过程，就把“知识形态上”的生产力转变为直接的生产力。马克思把这叫作“物化的智力”。但在这个“物化”过程中，必须有教育的中介。教育就像催化剂一样，没有教育这个催化剂，是不可能产生“物化的智力”的。

从以上两个方面看来，教育确定具有生产力的性质，至少可以说教育是潜在的生产力。

由于教育具有生产力的性质，要发展生产力就必须发展教育事业。所以，现在的工业发达国家，不再把教育事业看作非生产性的消费事业，而是把它看作生产性的事业，看作生产投资，甚至是一本万利的投资。根据国外教育经济学的研究，教育投资带来的经济价值是十分巨大的。据统计，美国1929—1957年（近30年）教育投资所增加的国民收入，约占国民收入增长总额的33%；日本1930—1955年（25年）教育投资的收益占国民收入增长总额的25%；苏联1940—1960年国民收入增长的部分中，约有30%是由于提高劳动者的教育水平所取得的。据苏联经济学家统计，每一卢布的教育投资所得的国民收入，1960年为3.28卢布，1970年为4卢布，1975年为4.13卢布，具有明显的增长趋势。

教育投资与物质生产的投资，在性质上有所不同。物质生产投资的经济效果表现在物质产品数量的增加和质量的提高上，而教育投资的经济效果则表现在劳动者的文化科学技术水平的提高上。物质生产投资获得经济效果的周期短，投资后很快就能获得经济效果；而教育投资获得经济效果的周期比较长。培养一代具有中等文化科学技术水平的劳动者需要12年左右，培养高级技术人才需要16年左右。正因为这样，物质生产投资的经济效果容易看到，教育投资的经济效果不容易看到，所以人们往往把教育看作非生产性的消费事业。但是，教育投资的经济效果比较高，相同的费用，用于提高劳动者的质量（教育投资），比起单纯增加生产设备和劳动力数量，更利于提高劳动生产率。而劳动生产率一旦有了提高，就可以成倍地增加社会的物质财富。例如，美国1900—1959年的投资效果比较：投资在物质上，即改进机器、设备等，60年来利润增加了3.5倍；同一时期，投资在教育上增加的利润是17.5倍。也就是说，同样的钱投资在教育上所起的作用，比投资在物质上所起的作用要大得多。再以日本为例：从1955—1976年，日本国民生产总值提高5倍，而劳动力仅增加27%，其中技术所起的作用达55.63%，这跟日本重视教育和对教育大量投资是分不开的。日本从20世纪50—70年代，20年中教育经费增加了10倍，到1971年，教育经费已占国家总预算支出的20.4%（这一年我国仅占4.5%）。1970年，联合国经济合作与发展组织曾派一个代表团到日本考察经济，他们在考察后得出结论：日本经济高速度发展的秘密，就是社会对教育的重视。

四、从教育本质看党的教育方针

综上所述，从教育的本质来说，不能单纯地只把教育看作是上层建筑，也不能单纯地只把教育看作是生产力。教育是复杂的社会现象，它既具有上层建筑的性质，又具有生产力的性质。我们如果看不到教育的上层建筑的性质，那就会使我们的教育工作迷失方向，不能为巩固我们的社会主义制度和发展我们的社会主义事业服务。我们如果看不到教育的生产力的性质，那就会轻视教育事业的发展，轻视文化科学技术知识的教学，使教育不能适应生产发展的需要，从而妨碍社会生产的发展。

1957年，毛主席在《关于正确处理人民内部矛盾的问题》一文中提出：我们的教育方针，应该使受教育者在德育、智育、体育几方面都得到发展，成为有社会主义觉悟的有文化的劳动者。1958年，毛主席进一步指出：教育必须为无产阶级政治服务，必须同生产劳动相结合。把二者结合起来，就构成了一个完整的教育方针，那就是：教育必须为无产阶级政治服务，必须同生产劳动相结合，使受教育者在德育、智育、体育几方面都得到发展，成为有社会主义觉悟的有文化的劳动者。党的这个教育方针，正确地体现了教育的本质。

这个完整的教育方针包括两个部分：一是教育目的，解决培养什么样的人的问题。我们的教育目的是使受教育者在德育、智育、体育几方面都得到发展，成为有社会主义觉悟的有文化的劳动者。二是实现教育目的的根本方法或根本途径，那就是教育必须为无产阶级政治服务，必须同生产劳动相结合。

先说教育目的，我们要培养的是劳动者。这是因为我们是社会主义国家，我们消灭了剥削阶级，"不劳动，不得食"已经成为我们社会生活的原则。我们的教育只能培养劳动者。不过，过去有些人对"劳动者"的理解有问题，认为"劳动者"就是工人、农民，不包括科学家、工程技术人员、教师、医生等。"四人帮"唯恐概念不明确，特别提出：学校应当培养"和工农划等号的普通劳动者"。这种提法，或者是对马克思主义一窍不通，或者是对马克思主义的歪曲和篡改。马克思在《资本论》中提出"总体工人"和"结合劳动者"的概念，他写道："产品从个体生产者的直接产品转化为社会产品，转化为总体工人即结合劳动人员的共同产品。总体工人的各个成员较直接地或者较间接地作用于劳动对象。因此，随着劳动过程本身的协作性质的发展，生产劳动和它的承担者即生产工人的概念也就必然扩大。为了从事生产劳动，现在不一定要亲自动手；只要成为总体工人的一个器官，完成他所属的某一种职能就够了。”[①]大工业生产不是单从个人来看，而是从整个社会来看的。整个社会里从事生产的人是结合起来的，产品是结合劳动者（总体工人）的生产物，结合劳动者的各个成员（总体工人的一个器官）也都成为生产劳动者了，只是远近不等地参加对劳动对象的处理。比如制造机床，亲手操作制造的工人当然是劳动者，他是直接作用于劳动对象的。设计机床的工程师，也是劳动者，不设计，如何制造？研究机械原理的科学家，当然也是劳动者。工程师、科学家是间接作用于劳动对象的，离劳动对象远一点。而培养这些人的教育工作者，当然也是劳动者，他们也是间接作用于劳动对象，只是离劳动对象更远一点。所有这些人都是结合劳动者的成员，都是总体工人的一个器官。所以，我们要培养的劳动者，既包括直接作用于劳动对象的，也包括间接作用于劳动对象的；既包括工人、农民，也包括科学家、工程师、教育工作者、行政管理人员等。

我们要培养的劳动者，是有社会主义觉悟的有文化的劳动者。“有文化”就是指具有一定的文化科学技术水平，这是因为在现代化生产中，脑力劳动的比重越来越大，因而要求劳动者的文化科学技术水平也越来越高。据苏联社会学家统计，在机械程度低的情况下，体力劳动和脑力劳动耗费的对比是90∶10，在中等机械化的情况下为60∶40，在全盘自动化的情况下，则为10∶90。不但科技人员要掌握先进的现代科学技术，就是直接承担生产任务的工人、农民也要具有一定的文化科学技术。正如斯大林说：“假如不是少数几批工人，而是大多数工人都把自己的文化技术水平提高到了工程技术人员的水平，结果会怎么样

① 马克思恩格斯全集：第23卷[M].北京：人民出版社，1972：555-556.

呢？我国的工业就会提高到其他国家的工业所不能达到的高度。”[①]毛主席在1958年初也提出“现在要来一个技术革命”，力争在一个不太长的时间内赶上并超过经济上发达的资本主义国家。他说，“提出技术革命，就是要大家学技术、学科学”，新中国成立8年中，“革命一个接着一个，大家的思想都集中在那些问题上，很多人来不及学科学，学技术。从今年起，要在继续完成政治战线上和思想战线上的社会主义革命的同时，把党的工作的着重点放到技术革命上去”[②]。劳动者要有文化，就是要体力和智力都得到发展，把体力劳动和脑力劳动结合起来，既能从事体力劳动，又能从事脑力劳动。这是全面发展的一个重要方面。

我们要培养的劳动者，单有文化还不行。劳动者作为生产力中的一个重要因素，他是劳动力，但他不是单纯的劳动力，不是单纯的生产力因素。他和生产力的另一个因素（生产工具）不同，他是人，是生产关系的参与者，是一定社会的社会成员。作为生产力因素的劳动者，和生产工具不同的一个根本特点，就是劳动者的活动是受思想意识支配的。这就决定了一个人的思想觉悟、一个人的道德面貌不能不在他的实践活动中发生重要的作用。所以，我们培养的劳动者，还必须是有社会主义觉悟的。也就是说，必须是有正确的政治观点，有社会主义精神文明的人。既有社会主义觉悟，又有文化，又红又专。这是全面发展的又一个重要方面。

培养既有社会主义觉悟，又有文化，既能从事体力劳动，又能从事脑力劳动的劳动者，就要在学校教育中，使受教育者在德育、智育、体育几方面都得到发展，任何一方面都不能偏废或者放松。这就是我们的教育目的，就是我们所要培养的全面发展的人。

怎样才能培养有社会主义觉悟的有文化的劳动者呢？根本方法或者

① 斯大林选集：下[M].北京：人民出版社，1979：559-560.

② 毛泽东.不断革命[N].人民日报，1978-12-26.

说根本途径就是教育必须为无产阶级政治服务，必须同生产劳动相结合，这是实现我们的教育目的的唯一方法、途径。

先说教育为无产阶级政治服务。

教育为政治服务，可以说是一条普遍的规律。人类社会自从阶级出现以后，任何一种社会，任何一个国家，教育没有不为政治服务的。教育不为这个阶级的政治服务就为那个阶级的政治服务。资产阶级教育家说他们的教育是超政治、超阶级的，是为全社会服务的，列宁曾经斥之为“撒谎”。列宁说：“资产阶级的虚伪表现之一就是相信学校可以脱离政治。你们都清楚地知道这种想法多么虚伪。提出这个原理的资产阶级自己就把资产阶级政治放在学校事业的第一位……”[①]我们的国家是无产阶级领导的国家，我们的教育必须为无产阶级政治服务。政治是经济的集中表现，我们的教育必须为我们的社会主义经济制度和人民民主专政的巩固和发展服务。这正体现了教育本质的一个方面——教育具有上层建筑的性质。

过去有些人对教育为无产阶级政治服务理解不全面，把政治仅仅理解为搞阶级斗争。而阶级斗争就是搞运动，教育为政治服务就是为阶级斗争服务，为政治运动服务，甚至政治可以冲击教育，教育必须无条件地为政治让路。这种情况在高等学校尤为显著，如“四清”运动，大学师生整学期、整年地在农村搞运动，“教学为主”完全被冲掉了。显然这是不正确的。

1920年，列宁在一次会议上讲到政治这个概念，他认为，政治是各阶级之间的斗争，而斗争包括两个方面：一方面是粉碎资产阶级的进攻及消除其影响，另一方面是建设任务。他说：“现在我们主要的政治应当是：从事国家的经济建设，收获更多的粮食，开采更多的煤炭，解决更恰当地利用这些粮食和煤炭的问题，消除饥荒，这就是我们的政

① 列宁全集：第28卷[M].北京：人民出版社，1986：386.

治。"[①]可见，随着斗争任务的转变，经济建设就是最大的政治。

就我国当前来说，我们现在最大的政治目标是实现四个现代化，把我国建设成为现代化的伟大的社会主义强国。教育为政治服务，就是要为实现四个现代化服务。教育是培养人的工作，教育为四个现代化服务，归结到一点就是为四个现代化培养人才。因此，我们必须办好各级各类学校，把学校工作的重点真正转移到教学上来，大力提高教育质量，培养有社会主义觉悟的具有不同文化科学技术水平的身体健康的劳动者，促进社会主义现代化建设，巩固无产阶级专政。教育工作完成这个任务，也就是为无产阶级政治服务。

为"四化"培养人才，要抓好教学工作，使学生真正掌握好文化科学知识，具有为"四化"建设服务的本领，这是必要的。与此同时，我们还要大力抓好思想政治工作，特别是针对社会上的西化思潮对学生的不良影响和"四人帮"极左路线对年轻一代的毒害，进行耐心的有说服力的教育，帮助学生端正政治方向，树立革命信心，养成共产主义的道德品质和优良的行为习惯。不能设想，一个没有社会主义觉悟，没有共产主义理想和信念的人，也可以在"四化"建设中具有高度的积极性和创造性。

再说教育同生产劳动相结合。

教育同生产劳动相结合，是现代生产对教育的要求。马克思认为，教育同生产劳动相结合，不仅是提高社会生产力的一种方法，而且是培养全面发展的人的唯一方法。教育方针的这一部分正体现着教育本质的另一方面——教育具有生产力的性质。

过去人们对教育同生产劳动相结合的理解也有些简单，有些肤浅，认为只要学校安排学生参加生产劳动，就算是同生产劳动相结合了，劳动越多，结合得越好。这种看法，就是简单化，就是肤浅的看法。

① 列宁全集：第39卷[M].北京：人民出版社，1986：407.

教育同生产劳动相结合是在现代化大生产的基础上提出来的，它们的结合点是现代科学技术。现代化大生产没有现代科学技术，那是不可想象的，而要把现代科学技术应用于生产，就离不开教育，只有通过教育培养科学技术人才，才能把现代科学技术“物化”为现代生产力。要满足现代化生产的这个要求，教育就必须达到现代科学技术所要求的高度。这样，就有必要把教育同生产劳动结合起来。所以，列宁说：“没有年青一代的教育和生产劳动的结合，未来社会的理想是不能想象的；无论是脱离生产劳动的教学和教育，或是没有同时进行教学和教育的生产劳动，都不能达到现代技术水平和科学知识现状所要求的高度。”①这就是说，生产劳动要想达到现代科学技术水平所要求的高度，或是教育要想达到现代科学技术水平所要求的高度，那就必须把教育同生产劳动结合起来。

基于上述认识，要贯彻教育同生产劳动相结合的方针，就要努力提高教育质量，使各级各类学校的教学内容和培养规格与现代生产技术水平和科学知识现状所要求的高度相适应。

第一，中小学是基础教育，必须切实抓好文化科学知识的教学，打好基础。同生产劳动关系密切的自然科学，如数、理、化、生的教学必须加强，理、化要重视实验，生要充实标本和生物园地的建设，不能光是纸上谈兵。这里有一个问题是值得研究的：高中文理分科究竟好不好？现在科学发展，日新月异，文科、社会科学有许多地方与自然科学有关，没有一定的数、理、化底子是研究不了的。例如，人口学、社会学、经济学、统计学等，都需要有数学的底子，在国外还要运用电子计算机。就是研究历史，也要运用电子计算机，因为大量的资料储存在计算机内。你不懂，就不能进行研究。最近《光明日报》（3月15日）报道，北京大学哲学系七九级学生，学校为他们开设了数学、物理、生物

① 列宁全集：第2卷[M].北京：人民出版社，1984：413.

等大学理科课程，一些基础差的学生从补习中学数、理、化常识开始，然后再学大学理科课程。文理分科只会降低中学生的知识水平，不利于科学的发展，也不利于生产的发展。

第二，教育事业发展的规模、教育结构和办学形式要符合国民经济发展的需要。“四化”建设需要大量的具有各种不同文化科学技术水平的劳动者（包括科技人员在内），教育应当满足这个要求，应当根据国民经济各部门的发展计划和比例，制订与之相适应的人才培养的计划。在教育结构上，也要适应生产发展的需要。以中等技术教育来说，“文化大革命”把它全部革掉了，直到现在进行结构改革，才有所恢复，但还是不成比例。按照常例，在现代企业中，高级技术人员与中等技术人员的比例，一般应为1∶3，而目前我们高等院校与中等技术学校的招生比例还不到1∶1，显然不能适应生产发展的需要。办学形式应该多样化，除全日制学校以外，还应办各种各样的业余学校。我市已有电视大学、夜大学，这对在职职工的培养起到了积极的推动作用。但还要加强建设、扩大规模、增设专业，吸收一部分待业青年，使更多的青年受到教育，为“四化”建设培养更多的人才。如果有条件，最好把电视大学、夜大学合并为业余大学，有固定的教学楼，并在里边设一个科学馆，供业余大学生实验使用。中学没有实验室设备的，也可来科学馆进行实验。

第三，中学应当对学生进行技术教育，学生应适当参加生产劳动。马克思在《临时中央委员会就若干问题给代表的指示》中说：“我们把教育理解为以下三件事：第一，智育。第二，体育，即体育学校和军事训练所教授的那种东西。第三，技术教育，这种教育要使儿童和少年了解生产过程的基本原理，同时使他们获得运用各种生产的最简单的工具和技能。”[①]技术教育是马克思提出的，列宁把它叫作“综合技术教

① 马克思恩格斯全集：第16卷[M].北京：人民出版社，1964：218

育”，并把它作为全面发展教育的重要组成部分。技术教育之所以重要，在于使学生掌握各种生产过程的基本原理。因为大工业生产，尽管门类繁多，但它的生产技术基础是统一的，各种工艺过程都不过是物理学、化学等一般原理的应用。了解了生产过程的基本原理，为学生毕业后进一步掌握生产技术打下坚实的基础。让学生适当参加劳动，可以使他们获得使用各种生产的简单工具的技能。当然，参加生产劳动在德育方面也有重要意义。对学生进行技术教育，是现代生产对教育的要求，而教育也应当满足现代生产的这个要求。

《教育研究》1980年第2期上有篇文章《日本中等以上学校的技术教育》（作者王琥生），里面讲到日本初级中学的技术教育以机械、电子工业等现代技术为中心。通过学习，学生掌握了生产的基础理论知识和实际操作技能。初中3年期间，技术教育课共315个课时，平均每年105个课时。学校设有技术教育的专用教室，技术教育所需设备的购置，国家从财政上给予补贴。日本大资本集团和日本政府对学校的技术教育都非常重视，其原因就在于现代化生产的需要。我们要贯彻教育同生产劳动相结合的方针，为“四化”建设培养人才。在中学进行技术教育，看来是必要的。

总之，我国的教育方针是：教育必须为无产阶级政治服务，必须同生产劳动相结合，使受教育者在德育、智育、体育几方面都得到发展，成为有社会主义觉悟的有文化的劳动者。党的这个教育方针，正确地体现了教育的本质。

教育必须为无产阶级政治服务，必须同生产劳动相结合，方针作为教育工作方针的两个方面是统一而不可分割的。只有坚持教育为无产阶级政治服务，同生产劳动相结合，才能保证它的社会主义方向；只有坚持教育同生产劳动相结合，才能使我们的教育和生产劳动都能达到现代科学技术水平的高度，才能使我们的教育为当前最大的政治（“四化”

建设）服务。也只有全面、正确地贯彻教育为无产阶级政治服务，同生产劳动相结合的方针，才能使受教育者在德育、智育、体育几方面都得到发展，成为有社会主义觉悟的有文化的劳动者。

谈谈教育学中的几个基本问题

一、教师的任务问题

先谈教师的任务问题，是因为同志们毕业后都要做教师，可能都最关心这个问题。也因为我自己是个教师，长期从事这个工作，对这个工作特别有感情。所以，我们就先来谈这个问题。

我觉得，教师这种工作是很有意思的。它的重要性，先且不谈，等后面再讲。它之所以很有意思，我先说一点，就是：一个教师，他总是和青少年在一起，他的一生都生活在青少年之中。你的教龄再长，胡子教白了，但在你面前的学生总是青少年。和青少年在一起，他们那种朝气蓬勃的精神状态就会感染你，使你也感到自己很年轻，很有生气。这种幸福只有教师才能享受，从事别的职业的人是不能享有的。

但是，也有人不愿当教师。他们说，教师好比蜡烛，照亮了别人，却毁灭了自己。这个话说对了一半。教师照亮别人，这是对的。但怎么就毁灭了自己呢？照亮别人，不是教师的功绩，教师的光荣吗？要说是蜡尽烛灭、终生教书直至老死就是毁灭，那么“人生自古谁无死”？

“鞠躬尽瘁，死而后已”，这正是人民教师崇高品质的表现。毛主席说：为人民利益而死，就比泰山还重。我们为人民的教育事业贡献自己的毕生精力，这不是很光荣的吗？

19世纪波兰女革命家罗莎·卢森堡在她的作品中写道：有人说，教师好比蜡烛，照亮了别人，毁灭了自己。那我就要做这样的蜡烛，把两头都点燃起来，照亮人类解放的道路。教师工作的重要性，在今天尤其显著。今天，我们国家已经进入一个历史新时期。这个新时期的总任务，就是要把我国建设成为四个现代化的社会主义强国。要实现四个现代化，科学技术的现代化是关键，而科技人才的培养，基础在教育。所以，为了实现新时期的总任务，在教育战线上就要极大地提高整个中华民族的科技文化水平，培养并造就一支宏大的工人阶级知识分子队伍。也就是说，要培养亿万有社会主义觉悟、有一定科学知识、能够掌握现代生产技能的劳动者，培养千千万万的各种专门人才。这是党和国家向教育事业提出的要求，也是向全国教师提出的要求。

就教师的具体任务来说，教师的根本任务是把学生教好。把学生教好包括两个方面：一是把书教好，二是把人教好。既要教书，又要教人。只教书，不教人，不能算是好教师。在中国封建社会里，教师就有“经师”“人师”之别。“经师”只是教书匠，而“人师”则是既教书又教人的。我们要做社会主义的“人师”。当然，要把学生教好，完成这个任务，并不是很容易。怎样才能胜任这个任务呢？第一，要有较高的社会主义思想觉悟和道德品质。第二，要有踏实的专业知识，也就是要精通所任课程的专业知识。第三，善于传授知识（教学的艺术）。第四，爱护和关心学生。第五，言传身教，以身作则。

二、教育的本质问题

究竟教育是什么？它是不是属于上层建筑？这就是教育的本质问题。我们知道，马克思把社会比作一座大厦，社会经济制度就是这座大厦的基础，也叫作经济基础。而一切社会思想以及与这些思想相适应的机构，如国家、政党、法、政治思想、道德、艺术、哲学、宗教等，都是建立在经济基础之上的上层建筑。上层建筑反映经济基础，为经济基础所决定，并为经济基础服务。凡是属于上层建筑的东西，都是有阶级性的。

教育是不是社会的上层建筑？我认为，从教育的整个体系（包括教育方针、政策、教育制度、教育内容等）来说，它是属于上层建筑的，是受经济基础决定的。在不同社会里，哪个阶级掌握了生产资料的支配权（社会的经济制度，即经济基础），哪个阶级就掌握了政权，也就掌握了教育权。政权的性质决定教育的性质，统治阶级总是利用政治权力来控制和管理学校，决定谁受教育和受什么样的教育。社会总是按照统治阶级的要求来培养青年一代，把统治阶级的思想意识灌输给他们，使他们成为统治阶级所需要的人。例如，封建社会的教育培养的是维护封建统治的官僚和士人，而对广大劳动人民则实行“民可使由之，不可使知之”的愚民政策。毛主席曾说：“中国历来只是地主有文化，农民没有文化。”[①]这就明确地指出了封建社会教育的阶级性。资本主义社会的教育，一方面培养资产阶级自己的管理和统治人才；另一方面，由于生产的需要，也给劳动人民的子女以一定的受教育的机会，使他们成为能够使用机器的雇佣劳动者。

我们的教育是社会主义的教育，是建立在社会主义公有制这个经济

① 毛泽东.湖南农民运动考察报告[N].人民日报，1951-07-05.

基础之上的。毛主席提出的“教育必须为无产阶级政治服务”，也就是为我们的社会主义的经济基础服务，因为政治是经济的集中表现。社会主义的教育就是要把青年一代培养成为有社会主义觉悟的有文化的劳动者，也就是培养为建设社会主义的无产阶级接班人。

由此可见，教育是属于上层建筑的，是有阶级性的。毛主席在1957年说：“学校教育，文学艺术，都是意识形态，都是上层建筑，都是有阶级性的。”[①]这是完全正确的。

当然，在教育中也包含有不属于上层建筑的东西，如数、理、化、生等自然科学知识，以及有关生产方面的科学技术的传授，教学经验、方法以及教学手段等，它们本身不属于上层建筑，是没有阶级性的。有的人就根据教育中有这种不属于上层建筑的成分，认为不能说教育就是上层建筑，在教育与上层建筑之间不能划上等号；同样，也不能说学校就是上层建筑，不能在学校和上层建筑之间划上等号。我不同意这种说法。

我们都知道，事物的性质是由矛盾的主要方面决定的。教育是培养人的工作，而人的培养是按照一定阶级的需要来进行的。首先，是意识形态的影响和行为规范的影响。这是矛盾的主要方面。其次，教育中不属于上层建筑的那一部分，如自然科学知识等也是在一定阶级的思想指导之下，为了一定的目的才传授的。自然科学本身虽然没有阶级性，但作为阶级的人，为了阶级的利益来研究和利用它，这就不能说没有阶级性。所以，教育中尽管有不属于上层建筑的成分，但这绝不能改变教育的性质，不能说教育不是上层建筑。大家不会否认军队是国家机器的重要组成部分吧，它无疑是属于上层建筑的。但是军队所使用的武器和运用武器的知识技能以及操练方法、战术等，其本身也不属于上层建筑，但丝毫也不影响军队的性质，丝毫不能改变军队是国家机器的重要组成

① 毛泽东选集：第5卷［M］．北京：人民出版社，1977：444.

部分的事实，绝不能因此就说军队不是上层建筑。

所以，教育是意识形态，是上层建筑，教育具有阶级性，这是毫无疑问的。而这也就是教育的本质。

三、教育的作用问题

就人的发展来说，教育不是唯一的因素。除了教育，遗传和环境也是影响人的发展的因素。

遗传是指一个人从遗传中继承下来的生理组织的特点，如感觉器官、神经系统的特点，特别是人脑的特点。这些遗传的生理特点也叫作素质或禀赋。遗传素质是人的发展的前提。

关于遗传素质，人与人之间是有差异的。如有的儿童声带具有优异的特点，这对发展唱歌能力是重要的。生来有色盲缺陷的儿童，他们就不可能成为画家。从智力来说，有的儿童反应快，有的反应慢。有的孩子聪明一些，有的要差一些。更有一些智力出众的孩子，如中国科学技术大学少年班的一些少年就是例证。人们遗传素质的差异，特别是智力的差异，是客观存在的，不容否认。

但是，遗传素质只是人的发展的前提，是影响发展的一个因素。素质能否得到发展，还有赖于环境和教育，特别是有赖于教育的作用。

环境对人的发展也起着一定的作用，特别是社会制度（这是人的大环境）是人的发展的背景，它制约着人的发展。在剥削阶级统治的旧社会，劳动人民子女的才能得不到发展，因为穷困和压迫，他们的发展受到压抑和摧残。新中国成立后，人民得到解放，阻碍人的发展的社会条件改变了，为年青一代的顺利发展开扩了道路。在“四人帮”猖狂时期，青少年的发展受到了摧残。这也可以说明这个大环境（社会制度）对人的发展的制约作用。

环境还指青少年生活在其中的周围环境——家庭、邻里和其所接触到的人和事。这种环境，也可以影响一个人的发展。我国古语“近朱者赤，近墨者黑”，说的就是这个道理。

比较起来，在人的发展中，教育起着主导的作用。这是因为：

第一，遗传素质只是发展的前提，再高的天资，没有适当的教育，它也是不能得到发展的。而且素质并不是不变的，通过教育可以改变、培养。因此，教育可以利用遗传的因素，创造条件，有目的、有计划地使青少年的身心得到充分的发展。

第二，教育是有组织的过程，而青少年的周围环境对他们的影响则带有自发的性质。在周围环境中，青少年可以受到良好的影响，也可以受到不良的影响。教育则不然。教育是按照党和国家的要求，进行有目的、有组织的影响，保证受教育者形成社会所需要的品质。当然，教育还要估计周围环境的影响，并干预它、利用它，使它能配合教育工作，提高教育效果。

总之，影响人的发展的因素有遗传、环境、教育三个方面。在三者中，教育起着主导的作用。

四、全面发展和因材施教问题

全面发展是培养目标的问题，因材施教是实现目标的手段问题。我们常说，做教育工作要按照教育规律办事。可以说，全面发展和因材施教就是教育工作的两条最基本的规律。只有按这两条基本规律办学，领导这样抓，教师这样干，才能取得好的教育效果，提高教育质量。

前文讲过，教育是上层建筑，它由经济基础决定，并为经济基础服务。教育为经济基础服务，是通过培养人来实现的。因此，我们的教育要培养什么样的人是由社会的需要决定的，也就是由我们这个社会的政治、经济的需要决定的。这就是说，教育要服从社会发展的需要。这是一个方面。另一方面，教育的对象是人，是青少年一代。而青少年的身心发展，有它自己的规律，有它自己的特点。要把社会的需要落实到青少年身上，就要注意方法。所以教育既要服从社会发展的需要，又要注意青少年身心发展的特点。这就决定着全面发展和因材施教这两条最基本的教育规律。

先讲全面发展。

全面发展是关于培养目标的问题，即培养什么样的人的问题。早在1957年，毛主席就明确提出，我们的教育方针，应该使受教育者在德育、智育、体育几方面都得到发展，成为有社会主义觉悟的有文化的劳动者。为了实现这个教育方针，1958年毛主席又提出两点：第一，教育必须为无产阶级政治服务，必须同生产劳动相结合。第二，德育、智育、体育几方面都得到发展就是全面发展。通过全面发展的教育，培养受教育者成为有社会主义觉悟的有文化的劳动者。这样的劳动者，就是既懂政治又有文化的人，就是既能从事体力劳动又能从事脑力劳动的人，就是又红又专的人，就是全面发展的人。

德育，即思想政治教育。德育的任务是培养学生逐步具有马列主义、毛泽东思想的基本观点，树立共产主义的世界观；培养学生拥护共产党，拥护社会主义，爱祖国、爱人民、爱劳动、爱科学、爱护集体的公共财物等品质；教育学生继承和发扬党的革命传统和优良作风，树立全心全意为人民服务的思想和为共产主义事业努力奋斗的革命理想。概括地说，就是培养学生具有社会主义觉悟。

智育，即文化科学知识教育。智育的任务是传授文化科学知识，使学生掌握必要的基本技能，发展认识能力（分析问题、解决问题的能力），为升入高一级学校和参加现代化生产打下坚实的知识基础。

体育的任务是使学生的身心得到正常的发展，具有健康的体质，养成锻炼身体、讲究卫生的良好习惯。

德育集中地体现着无产阶级的政治方向，起着统帅的作用。学校应当永远把坚定正确的政治方向放在第一位，这是丝毫不能动摇的。但是，这并不是说要把大量的课时用于思想政治教育。

学校应以教学为主，要狠抓智育，要把大量的课时用于传授文化科学知识。我们知道，中学教育是基础教育，它的任务有两个：一是为国家培养劳动后备力量，二是为高一级学校培养合格的新生。就前一个任务来说，我国要实现现代化，现代化生产需要亿万具有相当科学文化水平的工人和农民。如果我们的工人不具备相当的科学文化水平，那就不可能掌握现代化工业生产。如果我们的农民不具备相当的科学文化水平，不懂得使用电力、机器、化肥、农药，不懂得科学种田，那就不能适应农业现代化的需要。所以为了培养符合现代化要求的劳动后备力量，我们的学校必须狠抓智育。就第二个任务来说，为了实现四个现代化，我们需要大量的各种专门人才和懂得管理现代经济和现代科学技术的专家和干部。这些人才从哪里来？主要依靠高等学校来培养。要提高专门人才培养的质量，先有赖于中学教育提供高质量的合格新生。这也要求我们的中学要狠抓智育。现在，中学都在注意这个问题，抓尖子，抓毕业班，抓为高一级学校输送合格新生。有人说，这是追求升学率。很多学校领导和教师都在抓升学率，但就怕人家说他们追求升学率。我认为，追求升学率没什么不好。努力提高教育质量，更多地为高等学校输送高质量的合格新生，这是光荣，有什么不好？我赞成追求升学率，但我也反对片面追求升学率。片面追求升学率，就是只抓第二个任务，不抓第一个任务，只抓尖子，不抓大面积提高。

学校应该狠抓智育，这是不容怀疑的。但不能忽略德育和体育，要全面发展。坚定的政治思想应放在第一位，要起统帅作用。它统帅什么？就是统帅业务。所以政治要落实在业务上。政治觉悟越高，为革命学习文化科学知识就应当越加自觉，越加刻苦努力。

青少年处在长身体的时期，学校应当重视体育，关心学生的健康。毛主席说的“健康第一”是对学习说的。就学习和健康来说，健康是第一位。因为只有身体健康，才能完成繁重的学习任务。也只有身体健康，将来才能从事长期的工作和劳动，担负社会主义现代化建设的重任。但是，目前有些中小学对学生的健康很不重视。有些学校注意了智育，挤掉了文体活动；有些学校给学生留过多的作业，使学生睡眠不足，休息不好；有些学校考试频繁，出怪题，出难题，甚至任意增加课时，要学生加班加点；有些学校高中毕业班连寒假也不放。《光明日报》曾报道了天津市河东区关于中小学生视力减退情况的调查：小学生中视力减退率为9%，其中五年级深度近视的超过20%；初中学生视力减退率为18%，其中三年级深度近视的超过30%；高中学生视力减退率为22%，其中二年级深度近视的占30%。这种情况，值得重视。

办学校必须抓住全面发展，不能违背这个规律。我们既要提高教育质量，又要不使学生负担过重；既要政治好，又要学习好、身体好，缺一不可。我们衡量一个学生要从德、智、体三方面全面衡量；衡量一个学校，也要看这三个方面。德、智、体全面发展是我们教育的质量标准。

再说因材施教。

因材施教是关于教育方法的规律。我国古代的教育家很早就发现这个规律了，并且在教育实践中运用了。大家都知道，孔子是我国古代的教育家。“四人帮”假借批林批孔之名，全盘否定孔子，这是不对的。我们认为，对待孔子应该一分为二地看。孔子有它保守、落后的一面，但在教育工作方面，他有不可磨灭的功绩。就以因材施教来说，孔子是第一个实行这种方法的人。他说：“中人以上，可以语上也；中人以下，不可以语上也。”[①]意思是：具有中等知识水平以上的人可以教给他更高深的知识；具有中等以下知识水平的人，就不能教给他更高深的知识。孔子是针对学生的不同程度而给予不同的教育的。不仅如此，孔子认为，即使知识水平差不多的人，也应该根据各人的具体情况给予不同的教育。这里举一个典型的例子，一次，子路问孔子：“听到一个道理，就应立即照办吗？”孔子回答：“你有父兄在，怎么可以一听到就照办呢？”学生冉求问了同一个问题，孔子却回答：“听到了就应立即去做。”另一个学生公西华看到这种情形感到很奇怪，就问孔子：“为什么对两个人的同一问题，您却做了不同的回答呢？”孔子说：“冉求这个人一向缺乏决断，所以我就鼓励他前进；子路向来冒失莽撞，所以我就把他往后拉一下。”（《论语·先进》原文：子路问：“闻斯行诸？”子曰：“有父兄在，如之何其闻斯行之？”冉有问：“闻斯行诸？”子曰：“闻斯行之！”公西华曰：“由也问：‘闻斯行诸？’子曰：‘有父兄在。’求也问：‘闻斯行诸？’子曰：‘闻斯行之。’赤也惑，敢问。”子曰：“求也退，故进之。由也兼人，故退之。”[②]）朱熹把这种方法概括为“因材施教”，他说：“孔子教人，各因其材。”

孔子的确是我国古代一位出色的教育家，他培养了不少有才学的人，这一点，毛主席也曾加以肯定。毛主席说：“曲阜县是孔夫子的故乡，他老人家在这里办过多少年的学校，教出了许多有才干的学生，这件事是很出名的。”[③]可见，“四人帮”把孔子全盘否定，是没有道理的。

因材施教是合乎科学的，也符合马克思主义关于从实际出发的原

① 刘兰英，赵桂藩，施宝义，等. 中国古代文学词典：第5卷[M]. 南宁：广西教育出版社，1989：110.

② 马汉麟. 古代汉语读本[M]. 郑州：中州书画社出版，1982：88.

③ 毛泽东文集：第6卷[M]. 北京：人民出版社，1999：454.

则。教育的对象是人，是青少年一代，要使他们得到全面发展，就必须从他们的实际情况出发，要考虑他们的特点。

因材施教固然要使教育或教学适应学生的能力，是他们能够接受的，但这并不是消极的适应，而是在原有基础上启发、诱导，使他们更快地提高和发展。从教学方面来说，我们采取的是班级教学的形式，教学是以班级为对象的。为了更有利于因材施教，我们应该尽可能地按照程度编班。对于学习程度好的班级，教学内容可以讲得深一些，进度可以快一些，要求要高一些；对于学习程度差的班级，讲的内容要浅显一些，进度放慢一些，要求稍低一些，辅导要更多一些，要逐步提高。目前很多学校都按学习程度分班（分成快班和慢班），这样做是有好处的。但是，有的学校只重视快班，不重视慢班，甚至嫌弃慢班，这就不对了。我们之所以要按学习程度编班，是为了取得更好的效果，从实际出发，使学生共同前进。我认为，学校要重视快班，更要重视慢班，使慢班逐步赶上或接近快班。从花力气方面来说，慢班花的力气应该要大些。轻视慢班是错误的。只有重视快班，更重视慢班，我们的教学工作才能取得大面积丰收。

按学习程度编班固然是有利于因材施教的。要真正做到因材施教，我们的教育、教学工作就要做到以下几点：

第一，注意学生的年龄特点。心理学上一般把学龄期分为学龄初期（相当于小学阶段）、学龄中期（相当于初中阶段）、学龄晚期（也叫青年初期，相当于高中阶段）。不同学龄时期的学生，身心发展有不同的特点。例如，学龄中期的孩子逐渐脱离了儿童时期的依赖性，增强了独立性，因而有一种成人感。他们把自己看作成人，也要求别人把他们当成人看待（有些十二三岁的孩子也学着抽烟，正是这种心理的不正确的表现），他们的自信心和自尊心增强了。所以，教师就应当采取正确的态度对待他们，不能把他们还当小学生看待。又如，初中学生在思维方面的特点是从具体的形象思维向抽象思维过渡。在教学上，就要适应这种特点，既要注意教学的直观性，更要注意培养学生抽象思维的能力。在兴趣方面，初中学生兴趣范围扩大了，对什么都容易产生兴趣，但是这个时期的兴趣容易转移，很不稳定。我们的工作应当考虑学生的年龄特点。

第二，注意学生的个别特点。年龄特点是某一年龄时期学生的共性，但每一个学生还有个性，即在同一班级学生中，无论在智力、兴趣、性格各方面，彼此之间还有差异，这种差异就叫作个别特点，或叫个别差异。因材施教就是要考虑学生的个别差异，区别对待，对他们进行不同的教育。这就是说，尽管按学习程度编班，不管是快班、慢班，同一个班级中，每个学生都还有自己的特点。在学习上，有的学生理解力强，接受快，有的学生理解力迟缓一些，但经过一番思索之后，也能理解；有的记忆力特别强，对学过的东西不会忘记，有的记忆力差一些；有的学生能按照学过的方法解答问题，有的却能独出心裁，有创见地解答问题。教师要了解学生，对每一学生的思想情况、智力特点、兴趣爱好等都要了解。教师不能满足于课堂教学的一般讲授，而要根据学生的不同特点，因材施教。对学习能力强、学得快的学生要进行额外指导，帮助他学得更深一些、更多一些，培养尖子生；对学习能力差的，要采取另一套办法，针对他差在什么地方，对症下药，加强课外辅导，给他补缺补差，帮助他逐步赶上去。北京某中学模范班主任刘老师培养一个初二的学生王某，在去年八省市教学竞赛中取得第十五名的成绩，当时她还只有十四岁。王某初一是在一个小学初中班上的，当时她是一个调皮捣蛋、被称为“道德品质败坏”的孩子。之后转到通县一中来的时候，她腰里还揣着扑克牌、象棋、纸烟“三件宝”。刘老师对她做了很多的工作，发现她有突出的理解力和记忆力，思维敏捷，接受能力强。这才知道她过去调皮和不务正业，智力充裕和“吃不饱”也是重要的原因。刘老师对她进行破格教育，给她讲授高中知识，讲解多种解题方法，充分发展了她的才能。一年时间，她达到了高中毕业的优秀水平。

在智育方面，要因材施教。在德育、体育方面也应因材施教。特别是做学生的思想政治工作，要“一把钥匙开一把锁”，不能只有一种一成不变的教育方法。这里，我讲一个苏联19世纪20年代的教育故事。苏联教育家马卡连柯在主持高尔基教养院（流浪儿童教养机关）时期发生了这样一件事：一个学生偷了伙食房的一只烧鸡，刚要吃它，却被发现了。事情报告到马卡连柯那里。马卡连柯把所有学生召集起来，把这个偷鸡的学生叫到队伍面前来问他：“你为什么偷烧鸡？”这个学生胆怯地回答：“想吃。”马卡连柯说：“那很好，你既然想吃，就请吃吧！”然后把烧鸡放在这个孩子的手上，要他吃。可是，这个孩子羞愧而又后悔地哭了，表示以后绝不再做这样不好的事。这个方法收到了教育的效果。后来，马卡连柯的学生卡尔巴诺夫主持的一个少年违法者教养院里，发生了一件类似的事：一个学生偷了伙食房的一块大面包被发现了，卡尔巴诺夫想起了马卡连柯的方法，于是也把所有学生召集起来，在队伍面前问这个偷面包的学生：“你为什么偷面包？”学生回答：“想吃。”卡尔巴诺夫说：“那好，你就吃吧！”这个学生从卡尔巴诺夫手里接过面包，在所有学生的面前毫不感觉羞愧地把面包吃下去了。弄得卡尔巴诺夫哭笑不得。这个故事说明：一种教育方式，在某种情况下起作用，在另一种情况下不起作用。这是什么原因？因为学生的个性特点不同。想用一把钥匙开不同的锁，是办不到的。

总之，我们要把全面发展和因材施教结合起来，提高教育质量，为实现四个现代化培养人才。

谈谈教学问题

教学问题是一个大问题。我们知道，学校以教学为主，这就是说，教学是学校的主要工作。教师和学生的大部分时间是花在教学上的。学校的主要职能是传授文化科学知识，而传授文化科学知识就是通过教学来实现的。也就是说，智育的任务主要是通过教学来实现的。但是，我们不能看得太狭窄，教学不光是智育的问题，教学也关系到德育和体育的问题。不用说，政治课、体育课要通过教学来进行。除此以外，就在我们传授知识的同时，也在实现着德育的任务，因为教材本身就有着思想性。就体育来说，与教学也有关系。如果我们的教学工作不考虑学生的健康、任意增加课时、搞加班加点、留过量的作业、使学生频繁考试，乃至上课拖堂，影响学生课间休息，导致学生过度紧张、负担过重，这些都不利于学生在体育方面的发展。如果我们注意到这些问题，使学生负担适当，有劳有逸，有时间进行文娱体育活动，愉快地进行学习，这就有利于学生在体育方面的发展。所以，教学关系到德育、智育、体育几方面的发展问题，搞好教学工作，对提高教育质量，有着决定性的意义。

这里，准备讲几个问题：①教学的任务问题；②教学过程和认识过

程的同异问题；③教学原则问题。（编者注：后文中没有对第三点进行阐述）

一、教学的任务问题

教学的任务是什么？有的人认为，教学的任务就是教书，就是传授知识。这种看法是不全面的。概括起来讲，教学的任务有三个。

（一）使学生掌握系统的文化科学知识和技能、技巧

这是教学的首要任务。为了实现四个现代化，把我国建成为现代化的社会主义强国，就必须培养具有高度科学文化水平的劳动大军和造就庞大的又红又专的工人阶级知识分子队伍。要实现这样一个伟大的历史任务，在中学里，在教学过程中，教师就要向学生传授现代科学文化基础知识和技能、技巧，以适应三大革命运动的需要，为他们顺利地参加现代化生产建设或升入高一级学校打下坚实的文化基础。

什么是知识？毛主席说过，自有阶级社会存在以来，世界上的知识只有两门，一门叫作生产斗争知识，一门叫作阶级斗争知识。自然科学、社会科学，就是这两门知识的结晶，哲学则是关于自然知识和社会知识的概括和总结。在中学里，传授给学生的知识就是自然科学和社会科学中最基本的知识，包括一些工具学科的知识（如汉语、外语等）。

什么是技能、技巧？我们知道，我们学懂了某种知识并不等于就能运用这种知识。为了使学生学会把知识应用于实际，还需要培养他们的技能和技巧。例如，学生学了记叙文、议论文、应用文，懂得了这些文体的知识，但是学生自己能不能写这些文体的文章呢？有些中学生连一张便条、请假条也写不好。这就是说，他们还没有掌握这方面的技能。教师应当教学生写，要经过反复练习，养成这种技能。技能就是在一定

知识的基础上，经过反复练习和实际活动而巩固起来的完成一定动作的行为方式（或能力）。又例如，学生学过了教学上的某种法则，能够运用这种法则顺利地进行运算、解答习题，这种应用法则进行运算的能力就是技能。技巧也是应用知识、完成一定动作的能力，不过它比技能要达到更加熟练的程度。作为一种技能，它完成一定的动作，还是在意识的监督之下进行的。技巧则不需要意识的监督，则能迅速、准确、自动地完成一定的动作。也就是说，技巧是技能的熟练化、自动化。例如，听课记笔记。我们的意识主要是集中在听教师讲，随听随记，并没有考虑要记的这些字是怎样书写，因为我们已经养成了书写的技巧。

学生技能、技巧的形成必须以一定的知识为基础，是知识的应用。但在技能、技巧形成以后，又为以后继续获得新的知识创造了更为有利的条件。所以，教学中使学生掌握知识和培养他们的技能、技巧是密切联系着的。

（二）发展学生的认识能力

在教学中，教师不仅要把科学文化知识传授给学生，而且在传授知识的同时还要发展学生的认识能力。所谓认识能力，包括注意力、观察力、记忆力、想象力和思考力等。总的来说，也就是智力。发展认识能力也就是培养学生自学的能力，分析问题和解决问题的能力。学生在校学习的时间毕竟有限，学得的知识也是有限的，只有在传授知识的同时发展学生的认识能力，才能在以后的工作和生活中更好地应用已学的知识解决实际问题，并且能够独立地连续学习，探索新的知识，使自己的学问、才能不断地得到提高和发展。

当然，认识能力的发展只有在学习中、在掌握知识的过程中才能进行。离开了科学文化知识的掌握，就谈不上认识能力的充分发展。

（三）培养学生的共产主义的世界观和道德品质

在教学中，教师不能单纯地传授知识，还要通过教学对学生进行思想政治教育，实现德育的任务。要既教书又教人！在教学中对学生进行思想政治教育主要是通过教材来进行的。拿数、理、化这些自然学科来说，这些学科的教材内容本身是没有阶级性的。但当教师告诉学生，我们为什么要学习它，掌握了它对我们认识世界和改造世界、对我们实现四个现代化有什么作用，我们应该树立什么样的理想等时，这就有了教育的意义。特别是这些理科教材对培养学生的辩证唯物主义的世界观，更有重要的作用。至于语文课程，教材本身就有丰富的思想政治教育的内容。正确地讲授语文课程的内容，就能对学生进行有效的思想政治教育和共产主义道德品质教育。

二、教学过程和认识过程的同异问题

使学生掌握知识的教学过程和人类认识客观世界的认识过程有没有相同之处，有没有不同之处？

马克思主义的认识论对认识过程做了科学的阐述。人类对客观世界的认识是在实践的基础上进行的。人在实践中，首先是以感受接触外界，从感性认识到理性认识，又从理性认识回到实践。列宁说："从生动的直观到抽象的思维，并从抽象的思维到实践，这就是认识真理、认识客观实在的辩证途径。"[①]毛主席也说过，通过实践而发现真理，又通过实践而证实真理和发展真理。从感性认识而能动地发展到理性认识，又从理性认识而能动地指导革命实践，改造主观世界和客观世界。

学生主要是通过教学过程来认识世界的，是通过教学过程获得关于

① 列宁全集：第55卷[M].北京：人民出版社，1990：142.

自然现象和社会现象的认识的。因为学生在教学过程中以学习书本知识为主，这些知识对学生来说是间接经验。但是这些书本知识、间接经验对于他们的前人来说则是直接经验，是来源于社会实践的。所以，教学过程中学生认识的基础也是人类的社会实践。

在教学过程中，学生掌握知识的过程一般也是从感知教材开始的。在感知的基础上理解教材，即获得关于理论的知识，然后通知教学实践（各种作业）和社会实践（学工、学农等活动）来应用知识和巩固知识。这样的过程和认识过程具有一致性。也就是说，学生在教学过程中的认识活动也是遵循人类认识过程的一般规律的。

但是，教学过程有它的特殊性。

（编者注：因原稿丢失，此文章内容不全。）

关于全面发展和因材施教的教育方针问题

本文讨论三个问题：一、要不要把“全面发展”和“因材施教”并立为教育方针？二、我们应当怎样理解“全面发展”和“因材施教”？三、在中小学工作中如何贯彻“全面发展”和“因材施教”的精神？关于教育方针问题还在讨论中，本文所谈的只是个人对于这个问题的理解和看法。不过，实施全面发展教育必须注意因材施教（不论是把它作为方针还是作为原则），这一点是肯定的。因此，本文着重于讨论第三个问题。

一、要不要把“全面发展”和“因材施教”并立为教育方针

新中国成立以来，特别是从1951年提出实施全面发展教育以来，党和政府对教育工作从学校制度、教材内容和教学方法各方面进行了一系列的改革，从根本上改变了我国学校教育的面貌。各级学校所培养的学生，不仅在数量上有了巨大的发展，更重要的是他们政治觉悟较高，朝气蓬勃，他们热爱祖国、热爱党和毛主席，热爱我们的新社会，他们掌

握了一定的文化科学知识，健康水平也远非新中国成立以前所能比。总之，我们的学校和我们的学校所培养出来的学生都具有了新的面貌。这是我们教育事业中主要、基本的方面。

但在贯彻全面发展教育方针的过程中也存在着缺点和偏向。一种偏向是片面发展——对于“五育”实施顾此失彼、畸轻畸重；另一种偏向是平均发展——忽视学生个性、强求一律、齐头并进。这两种偏向在不同程度上存在于不同学校中，而后一偏向在最近两三年来更为显著，也更为普遍。

教育界曾针对教育方针问题展开热烈的讨论。争论的各方尽管还存在着不少分歧，但有一点却是一致的：在今后的教学和教育工作中必须重视“因材施教”。既然要重视它，为什么又不可以把它和“全面发展”并列为教育方针呢？对此我是赞成新的提法的。

新的提法并不是改变全面发展的教育方针，而是使方针更为明确，更便于指导实践。要实现全面发展，就必须注意因材施教。反过来说，因材施教是为了全面发展，不注意因材施教就不可能有全面发展，二者是统一的、完整的，不能把它们割裂开来。认识这一点是非常重要的。在我们的同志中有人认为：既然没有把握进行因材施教，还是抓住全面发展来做吧，免得犯错误。这种想法是不对的。

为什么说全面发展和因材施教是统一的、完整的教育方针呢？我们知道，教育是一种社会现象，它要服从社会发展的一般规律。社会主义社会发展的客观需要决定着我们学校教育要培养社会主义社会全面发展的成员。因此，在教育过程中保证年青一代的全面发展是教育现象中的客观规律。但是，教育的对象是年青一代，是具体的儿童和青年。他们不仅在年龄阶段上具有不同的特征，而且每一个人也具有自己的特征。只有根据儿童的年龄特征和个性特征进行全面发展的教育，才能培养出社会主义社会全面发展的成员。因此，在教育过程中，根据青年一代的年龄特征和个性特征进行教育也是教育现象中的客观规律。这两个规律在教育过程中是同时起作用的，所以它们是统一的、不可分割的。“全面发展、因材施教”的教育方针正是完整地反映了教育现象中的基本规律。

二、我们应当怎样理解“全面发展”和“因材施教”

先谈“全面发展”。

全面发展是指人的体力和智力的全面发展。也就是说，使人的身体、思想品德、才智各方面都获得充分的发展。马克思、恩格斯关于全面发展的学说是针对资本主义社会体力劳动和脑力劳动的对立情况、针对人的片面发展的情况而提出的。同时，资本主义大工业生产也为人的全面发展提供了客观有利因素，那就是：机器生产不需要手工工场时代的那种固定的单纯的手工技巧，相反，需要广泛的科学技术知识。机器生产能够节省出大量时间，以满足工人学习文化科学知识、发展智力的需要。但是，由于资本主义的生产关系，科学技术和机器生产却加深了体力劳动和脑力劳动的对立，加深了人的发展的片面性。

只有在社会主义社会条件下，才有必要和可能实现人的全面发展。其之所以必要，是因为全面发展是与社会主义社会的生产联系在一起的。社会主义建立在高度发展的生产力的基础上，同时社会主义生产是为了社会的共同利益，由整个社会有计划地管理的。因此，它需要自觉的、具有科学技术知识的、多方面才能的人。而且每个人不仅是生产者，同时也是社会的主人。他不仅参加生产劳动，还要参加政治生活和各种社会活动，因而也需要多方面发展的才能。之所以可能实现，是因为社会主义消灭了阶级压迫，消减了剥削制度，也就是消减了与体力劳动和脑力劳动对立的经济基础，为人的体力和智力的全面发展创造了根本的条件。在社会主义社会，国家和人民的利益完全一致，国家关心每一个人的全面发展。我国宪法第九十四条规定："国家特别关怀青年的体力和智力的发展。"（编者注：此为1954年版宪法）

我们的学校教育必须为社会主义改造和社会主义建设事业服务。今天我们所培养的学生，不仅担负着建设社会主义的任务，还担负着建设共产主义的任务。因此，我们的教育必须是全面发展的教育，必须培养社会主义社会全面发展的成员。这就是说，我们培养出来的人应当是：在政治上是进步的、热爱祖国和人民、热爱社会主义事业、具有一定的文化科学知识、身体健康、热爱劳动、热爱生活、具有一般欣赏能力。

为达到这个目的，在学校中就要对学生进行全面发展的教育。全面发展的教育在中小学是通过智育、德育、体育、美育和基本生产技术教育五个组成部分来实现的，这五个方面不可偏废。苏联著名教育家凯洛夫在访问我国期间多次谈到这个问题，他说，全面发展主要应防止片面发展，只钻一门，其他一窍不通。如果一个人知识渊博，但缺乏劳动的能力，或者一个人光懂得物理学，其他什么也不知道，或者虽有学问，道德品质却很坏，这样的人对生活不会有什么用处，也不是我们的社会所需要的。

当然，全面发展不是平均发展。所以，凯洛夫又说，人的全面发展，并不是对人强求一致，因为每个人，不管是青年还是老人，都各有不同的才能、不同的兴趣。一个人除了本身的专长之外，还应该具有一定的普遍知识，不管他从事哪方面的工作，都应该具有文学、历史、地理知识，懂得一般的数学、化学、物理知识。一个人，他不一定是个画家，但是，他有欣赏画的能力；另一个人，不一定是个体育健将，但是，他有锻炼身体的好习惯。

凯洛夫的这些意见对我们进一步理解全面发展教育，有很大的帮助。

现在我们谈一谈“因材施教”。

我们一谈到因材施教，就不能不想到我国古代的伟大教育家孔子。的确，孔子曾经卓越地运用了因材施教的方法，给我们在教育学方面留下了宝贵的遗产。这是值得我们引为自豪的。但是，也应该注意到，我们今天所说的因材施教是为我国社会主义的教育事业服务的，这跟孔子时代的因材施教有着本质的不同。“全面发展、因材施教”是完整的提法，我们也必须完整地理解它。

因材施教的“材”，究竟是指什么？有的人认为“材”是指学生的天赋，因材施教就是发现和发展学生的天赋。有的人认为“材”是指学生的主观兴趣、特殊的爱好，因材施教就是要满足学生的主观兴趣和爱好。这样的理解是不全面的，因而也是不正确的。这样的理解会把我们引向资产阶级的“天才教育论”和“儿童中心主义”的错误道路上去。

比较正确的理解是：“材”应该是指学生的年龄特征和个性特征，是指学生在生理和心理方面各种因素的总和。简单地说，就是指具体学生的具体条件。这里包括学生的身体状况、秉赋、已有的知识水平、思想状况、兴趣、特长以及性格上的特点等。

在生理和心理特征方面，在一定年龄阶段，学生们有共同的因素，也有不同的因素。共同因素就是年龄特征。例如，一般来说，小学年龄阶段，儿童还缺乏独立性，对教师表现出无条件的信从；初中年龄阶段，少年学生有了独立自主的愿望，希望别人把他当作“大人”看待，不喜欢成人对他的过分监护，同时对教师开始采取批判的态度；高中年龄阶段，学生已是青年，独立性和主动性更高地发展起来，对教师也有了更高的要求。但是，同一年龄阶段的共同特征，在每一个具体学生的身上却是以不同的形式表现出来的。例如，初中年龄阶段的学生对成人的过分监护，一个学生可能采取忍受、勉强听从的态度；另一个可能采取“你说你的、我做我的”不理睬的态度；第三个也可能采取直接反抗的态度……

在生理和心理方面的不同因素是个性特征。例如，有的学生身体强壮，有的很弱；有的学生活泼、热情奔放，甚至很冲动，有的却沉默寡言，甚至胆怯、怕羞；有的学生很敏感，接受知识很快，有的却比较迟钝，接受慢；有的学生虽接受知识快，但遗忘得也快，有的虽接受慢，但一经接受就掌握得很牢靠。学生的兴趣和特长也各不相同。例如，有的学生喜爱文学，有的却喜欢数学；有的学生是运动场上的健将，有的却是能歌善舞的小艺术家；有的学生是无线电爱好者，有的却是饲养动物的能手。

总之，所谓“材”就是指学生的具体条件。它既包括先天的东西，也包括后天的东西（这是主要的）；既包括共同的东西，也包括差异的东西；既包括积极的东西，也包括消极的东西。因材施教就是从学生的实际出发，依据学生的具体条件，采取不同的要求和方法进行教育和教学，以达到下列目的：（1）使学生在“五育”方面都获得全面的发展（不偏废，即不只钻一门，而其他一窍不通）；（2）在全面发展的基础上，发展学生的特长和才能；（3）克服学生个性中的消极因素。

三、在中小学工作中如何贯彻“全面发展”和“因材施教”的精神

（一）正确掌握全面发展教育的要求

目前，在我们学校工作中，有这样一种倾向（虽然并不是普遍的）：评价一个学校成绩的好坏，往往是以它的毕业生考取高一级学校的人数比例作为唯一的标准。当然，为高一级学校输送优秀的生力军是必要的。但是，如果只以升学人数的比例，实质上是只以升学考试成绩作为唯一评价标准，那就片面了。尽管学生的升学考试成绩很好，尽管升入

高一级学校的人数百分比很高，如果培养出来的学生缺乏集体观念，轻视劳动，这样的学校，我们不能认为它是进行了全面发展的教育。如果由于这种倾向的鼓励，学校为了准备学生升学而不让毕业班学生参加应有的文体活动和社会活动，甚至使学生脱离了当前国内和国际上的政治斗争，那就更不妥当了。

全面发展，并不等同于平均发展。拿体育为例，要求学生身体健康、拥有经常锻炼的习惯，这对每一个学生来说都是必要的。因为这是全面发展教育所要求的。但是，如果不根据学生的身体条件，要求所有学生都参加同一项目和同一标准的锻炼，比如让身体不好或心脏衰弱的学生也跟其他学生一样参加长距离赛跑，或者要求所有学生都成为体育健将，那就是平均发展了。

全面发展也不意味着要在各方面平均地分配时间，平均地使用精力。学生在学习上所费的时间和精力是由学科本身的特点来决定的。例如，数学上一小时课，差不多就要有一小时的课外自习时间。如果以此为准，图画、音乐也规定上一小时课就自习一小时，那就不对了。当然，对图画和音乐有特殊爱好的学生实际上可能要超过一小时的课外练习。顺便提一下，就是同一学科不同的学生所费的时间和精力也是不同的。

全面发展教育的要求也并不是固定不变的，它是随着国家生产力水平和科学技术的发展而发展的。拿基本生产技术教育来说，我们今天当然不能机械地学习苏联，向苏联看齐。但是，如果认为我们今天既然条件不够就不进行基本生产技术教育，这种想法也是不对的。我们应该根据我国已有的条件，并在可能范围内创造条件，来实施基本生产技术教育。我国中小学毕业生除了升学的以外，还有不小的一部分必须直接参加生产劳动。因此，对学生进行基本生产技术教育和劳动教育是学校教育的一个重要任务。

全面发展与个性发展是不是矛盾呢？也就是说，全面发展会不会抑制学生的个性发展呢？不会的。我们知道，人的个性并不是天生就有的，它主要是在社会环境和教育的影响下形成的。只有全面发展的教育才能培养和形成学生的优良个性。学生的特殊爱好和特长也只有在全面发展的教育过程中才能表现出来。一个人不学习物理，不接触无线电设备，他绝不可能爱好无线电。同样的，一个人不学习绘画，不学习欣赏画，他也绝不可能爱好绘画，更不可能成画家。对于具有某种特殊爱好和特长的学生来说，全面发展教育更会促进他个性的发展。诚如凯洛夫所说，有某种天才的年青人，不应单是获得一方面的教育，而必须获得普通教育，否则，他虽可能成为一个优秀的艺术家或音乐家，但却是一个没有文化和愚昧的人。因此，我们可以说，全面发展与个性发展不矛盾，只有平均发展和片面地强调个性发展才会在实际上阻碍个性的发展。

全面发展教育的各个组成部分是有机联系的，是在统一的过程中实现的。每一个教师不管进行任何工作，都在实现着整个教育，教育着整个儿童。以数学教学为例。教师以数学的知识、技能和技巧武装学生，这当然是完成着智育的任务。但是，数学是进行基本生产技术教育的主要学科之一，通过数学教学也完成着基本生产技术教育的任务。数学教学通过习题（文字题）的内容，可以以社会主义思想教育学生。同时，数学教学能够培养学生的责任感、诚实、谦虚、热爱劳动、不怕困难和善于克服困难等品质，这就实现了德育的任务。通过数学教学，能否实现美育和体育的任务呢？我认为，在一定程度上，它也有这样的任务。比如，对学生的作业要求内容正确，书写清楚、干净、整齐、美观，这就实现着美育的任务。教师根据教学上的要求和学生的负担能力布置作业，而不将过分繁重的作业压在学生身上，这就不至于影响学生的健康，在这个意义上讲，它也完成着体育的任务。这只是以数学为例，其他任何学科的教学或对学生进行任何一种教育工作，都在不同的程度上同时完成着全面发展教育各个组成部分的任务。因此，教师在教学和教育工作中必须有意识地注意到全面发展教育的统一性。

（二）了解学生是因材施教的先决条件

前面已经谈过，要实现全面发展就必须因材施教；而要因材施教，就必须了解学生。不了解学生的具体情况就谈不上因材施教。

了解学生的具体情况是多方面的，概括起来可以分为以下四个方面：（1）生理发展的特征、健康状况、家庭生活条件。（2）学习方面的情况，如掌握知识的质量，家庭作业的质量，对学习、对成败的态度，注意、记忆、思维的特点，独立工作的技巧和速度，课外阅读些什么，喜爱哪些活动，语言发展的情况，等等。（3）道德面貌，如文明行为习惯，纪律性，责任感，是否诚实和谦虚，对集体和对别人的态度，对劳动的态度，是否具有积极性、主动性、坚持性和克服困难的顽强性以及思想情况，等等。（4）对每个学生所采用的教育方式的效果。

怎样了解呢？了解的方法有以下三种：第一是观察。即在课堂教学中，在自习、班会、队会、各种课外活动和日常生活中观察学生。第二是谈话。与学生本人谈话，与家长及其他同学谈话。第三是研究学生的作业，如研究学生的作文、日记、测验作业、各种练习作业（包括实验和实习作业）等。

了解学生应该是全面的、经常的，应该注意学生的发展状况。在这一方面，班主任应该负更多的责任。但是，无论班主任或教师都必须拥有专门的笔记本，随时记录所了解的信息，班主任和教师还必须经常交换意见，以便对学生的了解更为全面。

（三）教学工作中的因材施教

首先我想谈一谈，是否应当要求学生门门功课都得五分？这个问题需要明确一下。不问对象，一律要求学生门门功课都得五分，这是不切实际的，因而也是办不到的。但是，是否可以说对某些学科或某些学生要求四分、五分，而对某些学科或某些学生只要三分就行？这样的提法和做法我认为也是不妥的。教师应该有教好学生的信心，应该努力争取学生各科成绩都能达到优良的标准。教师如果只是一般地满足于学生得三分就行，那就不可能逐步改进自己的教学工作，也不可能逐步提高学生的知识质量。但是，争取学生的优良成绩必须从学生的实际、学生的具体条件出发。例如，一个学生学习不好，经常得两分，那么，教师对他不是要求四分、五分，而是先要求得三分。如果他获得了三分，教师就应该鼓励他，因为这对于他而言是一个进步。当他取得三分并且稳定了以后，教师是否应该满足了呢？我认为，不应该满足，而应该鼓励和帮助他取得更好的成绩。因此，争取学生在各科方面获得优良成绩应作为教师在教学上的奋斗目标。但是，教师如果采取不恰当的方式，例如，对成绩落后学生进行讽嘲、打击，或采用竞赛方式对学生施加压力，不问对象地一律要求四分、五分，那就不妥当了。

争取学生优良成绩，关键问题在于提高课堂教学的质量。而提高课堂教学质量又必须注意在教学过程的各个环节中贯彻因材施教的方针。在这方面，我们不仅要注意学生的年龄特征，还要注意学生的个性特征。拿课堂提问（检查性的提问）来说，应该注意提问内容的区别性。例如，某一学生对学过的教材的某一部分内容没有很好地掌握，教师就应该着重就这一部分的内容来提问。某一学生向来只死记公式、定义，而不善于理解，那就应该着重从理解、因果关系方面去问他。在提问时，对不同学生应采取不同的方式。例如，对于学习成绩不好、缺乏自信，但愿意学习的学生，除了给予其学习上的帮助以外，还要在提问中予以特殊的注意。为了帮助他树立自信心，在一个时期内不要问使他感到困难的问题。同时，只要他表现出些微的进步就应该予以鼓励，并在这个基础上逐步提高对他的要求。对于经常学习得很好的学生，提问的次数可以少些。（事实上，教师往往专捡好学生提问）此外，即使是对学习好的学生，也应采取不同的方式来对待。例如，有些学生学得好而骄傲自满，对这类学生不宜多表扬，相反，应适当地指出他不足的地方。在讲授新课的过程中也应注意因材施教，特别是对那些注意力不集中的学生，应该经常引起他们的注意，可以在讲课中常常提问他们。（启发性提问——提问与新教材有关的知识，或者是在讲完某一段内容或某一公式之后叫学生起来重述或讲解一遍）对于接受能力差的学生，也应注意提问他们对于所讲内容是否理解。在完成课堂作业方面，学习好的学生完成得快，学习差一些的学生完成得慢。因此，教师除布置一般的作业外，还需要给学习好的学生布置特别的作业。对于学习差一些的学生，在他们写作业时，教师应去巡视，给予适当的启发、指导，或布置个别作业（就学生知识中的缺陷方面来布置）。在布置家庭作业方面，也应适当照顾学生学习程度的差别性。所有这些措施，都是为了帮助学生尽其所能地学好功课。

课堂教学是教学工作的基本形式，但不是唯一的形式，单靠课堂教学还不能解决教学的全部问题。因此，教师必须通过课堂教学以外的其他形式发展学生的所长，弥补学生的所短。我们固然不可能要求所有学生都学习得一样好，但针对每个学生的具体情况，帮助他们尽可能地学得好一些，这是可以做得到的。这就要求教师要关心每一个学生的学习，特别是对学习成绩不好的学生要予以特别关注。学生学习成绩不好，不能一概归结为不努力，其原因是多种多样的，如家庭学习条件不好（没有适宜的学习环境、过多的家务劳动）、营养不良、原有基础差、贪玩、缺课（因病或其他原因）、接受能力较差、注意力不稳定、没有很好地形成基本的智力技巧（如阅读技巧、计算技巧等）、学习方法不好等。教师发现学生学习成绩落后就应找出原因，除了在课堂教学中对其加以注意外，还应利用课外的形式进行个别辅导，如补课、布置补充作业、帮助练习某些基本的智力技巧、指导学习方法等。但应指出，防止学生学习成绩落后关键在于教师讲好课，使学生当堂理解、当堂巩固，而且要经常进行检查，对学生知识中的缺陷及时加以补救。

对学生的爱好和特长，教师也必须加以注意。抑制学生的爱好和特长是不符合全面发展要求的（全面发展是各方面的充分发展）。比如：有些学生喜爱数学，在数学方面表现出了较高的才智；有些学生喜爱文学，在文学方面表现出了较高的才智；有些学生长于绘画或音乐。那么，教师应该采取措施使他们的爱好和特长得到发展（通过课外小组活动、课外阅读指导等方式来进行）。当然，发展所长并不意味着可以放弃其他学科的学习，其他学科也应该尽可能地学得好些。

无论是课堂教学还是课外活动的各种形式，教师对于学生的学习都必须提出严格的要求。现在有些教师误解“个性发展”“因材施教”，因而不敢向学生提出应有的要求，造成教育自教、学者自学的现象。这是不好的。苏联教育家马卡连柯说过，哪里没有要求，哪里就没有教育。我们主张因材施教，“施教”二字就包含教师对学生的要求和学生履行教师要求的积极意义在内，没有要求就谈不上“施教”。我们所说的严格要求是指：第一，对学生的要求应该从“全面发展”和“因材施教”的精神出发。这就是说，应该根据教学大纲和学生具体条件提出要求，对不同的学生应有不同的要求。但都要遵循这样一个原则：应当尽量的容易，又应当尽量的难。所谓尽量的容易，就是使学生在任何时候都能愉快和积极地学习，而不至畏缩不前；所谓尽量的难，就是使学生在任何时候都需要做一定的努力，逐步克服困难，夺取新的堡垒。如果认为因材施教就是一味迁就学生的水平，而不去设法提高它，那就错了。当然，这里所说的难易应该从学生的角度去看。第二，对学生提出的要求必须要求学生严格执行。因此，教师要对学生的学习进行经常的督促和检查。

（四）教育工作中的因材施教

教师是教育者，是人类灵魂工程师。我们要培养社会主义社会全面发展的成员，首先就要使培养出来的人具有社会主义新人的道德面貌。如果教师把工作仅仅局限于传授知识，只“教书不教人”，那就不能完成党和国家交给我们的伟大的任务。当然，教师教好书，使学生掌握科学知识，这是必要的。但是，知识的重要性并不在于它本身，而在于使学生运用学得的知识为祖国和人民服务，为社会主义事业服务。离开这个前提，知识就变成没有意义的东西了。从这个意义上说，思想品德教育比传授知识更为重要。

教育工作比教学工作更为细致，更为艰巨。这就要求所有教师应通力合作，共同努力，所有教师要有统一的认识和统一的步调。有的教师认为他的任务就是教书，至于教育工作，那是校长、教导主任、团队组织、班主任的事。这样的看法是不对的。这是把教学工作和教育工作割裂开来的看法，忘记了全面发展教育的统一性。

教育工作首先是通过课堂教学来进行的。这就要求每一位教师必须通过教学对学生进行思想品德教育，培养学生的共产主义道德品质。但是，通过教学进行思想品德教育只是一种途径，我们还必须采取其他各种各样的形式来对学生进行全面教育，如时事报告、班会、团队活动、课外活动、社会公益劳动、参观访问以及个别教育等。

教育工作和教学工作一样，必须因材施教。教育的方法不是一成不变的，一种方法对这个学生是有效的，对另一个学生却不一定是恰当的。这里我想讲两个故事：

一个故事是关于孔子的。有一天，孔子的学生子路问孔子："听到了好的意见，就应该马上实行吗？"孔子说："有年长的人在，还应该问问他们，怎么可以听到就做呢？"可是孔子的另一个学生冉有向孔子问了同样的问题，孔子却毫不迟疑地答复他："听到了就该做。"这件事引起了公西华的怀疑。公西华问孔子："子路问您是否听到了好的意见就该做，您说有长者在，不能听了就做；而冉有问您，您却说听了就该做。这到底是怎么一回事呢？"孔子告诉他："冉有向来保守，遇事畏缩不前，所以要鼓励他勇敢果断；子路自恃聪明，遇事轻率，所以要教他慎重。"

另一个故事是苏联的。苏联教育家马卡连柯在主持高尔基教养院（流浪儿童教养机关）时期发生了这样一件事：一个学生偷了伙食房的一只烧鸡，刚要吃它，却被发现了。事情报告到马卡连柯那里。马卡连柯把所有学生召集起来，把这个偷鸡的学生叫到队伍面前来问他："你为什么偷烧鸡？"这个学生胆怯地回答："想吃。"马卡连柯说："那很好，你既然想吃，就请吃吧！"然后把烧鸡放在这个孩子的手上，要他吃。可是，这个孩子羞愧而又后悔地哭了，表示以后绝不再做这样不好的事。这个方法收到了教育的效果。后来，马卡连柯的学生卡尔巴诺夫主持的一个少年违法者教养院里，发生了一件类似的事：一个学生偷了伙食房的一块大面包被发现了，卡尔巴诺夫想起了马卡连柯的方法，于是也把所有学生召集起来，在队伍面前问这个偷面包的学生："你为什么偷面包？"学生回答："想吃。"卡尔巴诺夫说："那好，你就吃吧！"这个学生从卡尔巴诺夫手里接过面包，在所有学生的面前毫不感觉羞愧地把面包吃下去了。弄得卡尔巴诺夫哭笑不得。

这两个故事说明：每个学生的具体情况是不同的，教师只有针对学生的特点采用适当的方法，才能收到应有的效果。因材施教就是要求教师具体地分析学生的特点，采用适当的方法，只有这样才能收到应有的效果。因此，要贯彻因材施教的精神，必须反对教育工作中的主观主义，反对不问对象的千篇一律的教育方法。

在学校教育工作中有这样一种情况：教师往往把对学生所犯的同样过失采用同样的处理方法认为是公正的。例如，两个学生同样犯了打人的过失。一个学生性情粗暴，跟同学为一件不相干的小事争吵起来就动手打人。另一个学生在回家的路上看见一个同学欺负小孩，并把小孩的东西抢走了。他追上了那个同学，并和他打了一架，把小孩的东西拿回来了。同样是打人，打人是粗暴的行为，在我们的社会里是不被容许的。但是这两件事的具体情况不同，如果我们采取同一态度对待他们，那实际上是不公正的。又例如，两个学生都迟到，可是他们迟到的原因不同：一个学生是上学前，在家里要帮助母亲做许多事情才迟到；另一个学生却是在路上贪玩而迟到。当然，教师必须纠正他们迟到的行为，但不能以同样的态度对待他们。这只是两个极简单的例子。在实际工作中，我们不知道会碰到多少更为复杂的事情。但是，就从这两个简单的事例中也可使我们得出结论：对不同的情况应该不同对待。

教育工作不是单纯地克服学生行为中的缺点，更重要的是帮助学生形成新的道德品质。而形成新的道德品质也必须根据学生的具体条件进行复杂细致的工作，单靠一般的说教是没有效果的。有这样一个学生：他不用功学习，一般学科成绩都很差，在课堂上不守纪律（教师讲课，他在堂下替教师画像），对班集体漠不关心。同学们因为他学习不好又不守纪律，都讨厌他，因而他在班上很孤立。这种孤立的情况更加深他与集体、与同学的对立，更加不好好学习。教师和同学都认为他是班上最落后的学生。班主任为这个学生很伤脑筋，想寻找有效的教育方法。班主任仔细地研究了这个学生的情况，发现他虽然缺点很多，但他有一个长处：喜欢画画，画得很好。班主任决定从他的长处着手。首先，让他担任班上墙报编辑，负责画报头和插画。他高兴地接受了这个工作，看见自己画的画贴在墙报上，他无比喜悦。他对工作认真负责，墙报办得很出色。有一次班上举办文艺晚会，他负责主持会场布置和美术装置工作，他和同学们合作把会场布置得美观大方。由于他参加了集体工作，经常和班干部在一起讨论工作，和同学们在一起共同工作，同学们改变了对他的态度，彼此渐渐亲近起来。他不再感到孤立，而且树立了自信心和自尊心。其次，班主任也常常表扬他、鼓励他，并和他讨论插画的题材，要他画些讽刺画批评班上不好的现象（如迟到、不爱护公物等）。由于他要用画来表现班上不好的现象，很自然地他对自己也提出了要求，改正了在上课时不守纪律的行为。他开始感到自己要做一个好学生，需要好好学习。班主任针对这种情况，和有关教师商量，对他在学习上进行帮助，并且对他在学习上的些微进步都给予鼓励。最后，这个学生不但在功课上逐渐赶上了班上同学，而且他热爱集体、热爱工作、关心同学，逐步成为一个优秀的学生。

这个例子说明了在教育工作中因材施教是多么重要，也说明了教育工作的一个重要原则：依靠学生的优点，克服学生的缺点。任何学生都有其一定的优点，问题在于教师要深刻地了解学生，善于发现学生的优点，并依靠优点去克服缺点。

根据学生的个性特征因材施教，并不等于说就可以不依靠集体。集体主义精神是共产主义道德的重要品质，离开集体主义谈个性发展，那只能培养个人主义，优良的个性只有在集体中才能得到培养和发展。上面的例子也可以说明这个问题。那个学生的转变正是在集体中、在参加集体工作和为集体而工作的过程中实现的。教师的教育工作首先就要培育班集体，使全班同学都热爱这个集体，为这个集体争取荣誉。要培养集体荣誉感就得组织学生参加各种集体活动（如班上的清洁卫生工作、教室布置、班会、晚会、集体看电影、参观访问、郊游、社会公益劳动等），形成集体的公正舆论（损害集体利益的行为要受到集体舆论的批评），培养同学之间团结友爱、互相关心、互相帮助的意识。健全的学生集体一经形成，就成为教师的有力助手，教师就可依靠集体进行教育工作。当然，在集体活动方面也必须防止过分集体化。过分集体化就不一定是集体主义，而是形式主义了。为防止形式主义的集体化，集体活动就应该具有多样性和灵活性，以满足具有各种不同兴趣和才能的学生的要求。因材施教、发展个性也不等于说可以让学生任性妄为，不遵守纪律。在我们的社会生活中，任何地方、任何时候都必须有纪律。生产中有劳动纪律，部队中有军事纪律，街道上有交通规则，买戏票要排队……这都是纪律。纪律性是文明行为的标志。不过，我们的纪律是自觉的纪律，守纪律是一种道德行为，因此，所有学生都必须自觉地遵守“学生守则”。除“学生守则”以外，学校和班集体也可根据具体情况，制定必要的规则或公约。当然，把学生束缚得过死、过严的规约也是不妥当的。在纪律教育方面，应该教育学生，使他们正确认识纪律和自由的关系。

简短的结论：

第一，全面发展、因材施教是完整的提法，我们也必须完整地理解。因材施教正是为了使学生获得全面的发展。

第二，为了实现全面发展教育的任务，教师必须在全部教育和教学工作中贯彻因材施教的方针。因材施教的根本意义在于要求教师具体地分析学生的具体情况，对不同的学生不同对待。

第三，教师是人类灵魂工程师，教育工作是创造性的艺术。因材施教不是降低而是加重了教师的责任，不是降低而是提高了对教师的要求。教师必须热爱教育事业，热爱新生的一代，才能在工作中发挥积极性和创造性。因材施教正是教师的积极性和创造性的具体表现。

第二篇　师范教育研究

怎样学习教育学

教育学是师范学院各系科共同的必修科目之一。它以马克思列宁主义教育科学的知识和技能来武装未来的人民教师，使他们掌握教育和教学工作的基本规律，并在将来的教育实践中运用这些规律，为祖国培养全面发展的青年一代。

要学好教育学，必须注意两个前提：

第一，要在思想上重视这门学科（当然，对所有学科都应该重视）。就是说，应该明确学习目的，端正学习态度。每个学生都必须把当前对教育学的学习和自己将来做一个献身于祖国教育事业的人民教师的工作联系起来。如果大家都能明确认识到，今天的学习，是为了将来要为祖国服务，为了要教育好我们的下一代，那么，就可以激发自己对祖国的责任感，认真地对待所学习的学科。

第二，要善于独立工作。任何知识的获得，都必须通过复杂而又艰巨的智力劳动。在学习中，即使是中小学生，没有独立工作，也是不可能学好功课的。对大学生来说，学习的好坏，在很大程度上取决于独立工作的程度。因此，对大学生独立工作的要求就要更高一些。这是和中学生学习方法不同的主要之处。拿讲课来说，在中学里，教师对教学大纲规定的所有教材，一般都要在课堂上讲清楚；而在高等学校，教师在课堂上只讲主要的内容，次要教材内容则让学生在课下自习。所以，善于独立工作是学好教育学的重要保证。

下面，我们谈一谈学习教育学的几个主要的具体问题：

第一，如何听课？

讲课是教学工作的基本环节，因此，用心听课便是学好功课的关键。听课先要集中注意力，否则，再好的讲课也听不进去。可是，集中注意力并不是件很容易的事，需要坚强的意志，才能使自己排除一切分散注意的因素，把注意力集中在听课上。对讲课，单听还不够，还需要随着教师讲授的线索进行思考，有时还需要运用想象力，想象教师所讲的内容，不这样就不能深刻领会教师所讲的东西。此外，还应该运用记忆力，向自己提出要求：把当堂所讲的东西记住。这样，对教师所讲的知识就可以当堂理解、当堂巩固，从而减轻课后的负担。

第二，如何记笔记？

教育学虽然发讲义，但在听课时还必须记笔记。记笔记有许多好处：记笔记可以帮助我们集中注意力；可以帮助我们理解功课，掌握功课的基本内容；在复习时可以帮助我们回想老师课堂上所讲的东西。但是，记笔记要注意简明扼要，只记主要内容，切不可把老师讲的话逐字逐句地记下。如果那样，就不是听课，而是把自己变成速记员了。逐字逐句地记，不但不能使我们从笔记中一目了然地看出一堂课的主要内容和主要思想，从而易于掌握它，还会使我们在课堂上把全部精力陷于紧张的“听写”，不可能再去思考、想象和记忆老师所讲的东西了。这样，也就谈不上当堂理解和当堂巩固。因此，我们主张系统扼要地记主要内容，反对一字不漏地记老师所有的话。

第三，如何复习？

“学而时习之”“温故而知新”，是我国古代教育家的不朽名言。要学习好，必须及时复习。复习不仅能巩固课堂上所获得的知识，还能加深对知识的理解。教育学每周上课三小时，复习时间每周应该有一个半小时。我们主张每周把复习教育学的时间固定在一个晚上，这样既能保证及时复习教育学的时间，也便于教师的定时辅导。

每次复习时，最好先看笔记，根据笔记回想教师所讲的内容，并加以思考。然后再阅读讲义，做进一步的钻研。应该运用分析、综合的办法，先把教师所讲的内容和讲义上所写的内容分解为若干主要问题，每个问题再分解为若干论点或基本内容，这样就容易深入理解。而后再把这些论点和这些主要问题联系起来，综合为一个有机的整体，这样就能全面掌握。在这样复习的基础上，再看一看讲义的每一章后面所附的复习题，自己检查一下，是不是都能回答。如果都能回答，这就说明我们基本上已经掌握了功课的内容；如果其中某些题还不能回答，那就应该再回头来翻阅一下笔记和讲义的相应地方，研究它们的答案。但应指出，千万不可简单地只按复习题在笔记或讲义中找寻答案，而是必须先进行系统的复习。

第四，如何准备课堂讨论？

课堂讨论的主要目的在于帮助学生巩固和加深其在听讲时所获得的知识。课堂讨论的准备应该在经常复习的基础上进行。如果平时复习工作做得好，课堂讨论的准备就不会花太多的时间。

每个人对课堂讨论的每个题目都应该准备发言，因此，在准备时就必须写发言提纲。发言提纲应该是在对每个题目经过深思熟虑之后用自己的话写出来的，既称提纲，自然没有必要写出发言的全文，只需简单明了地写出发言内容的要点。因此，对课堂讨论的发言提纲，既反对长篇大作、繁冗芜杂，也反对把笔记和讲义搬家。

此外，学习教育学还必须完成一定的课外作业和进行一定的教育见习，这里就略而不谈了。总之，学习教育学和学习其他任何学科一样，必须付出巨大的劳动，而后才能有巨大的收获。

如何加强教育业务训练

我们学校是一所理科师范大学，它的任务是培养社会主义教育事业所需要的中等学校理科师资。今天在校学习的同学，都是未来的中学教师，他们将担负着为祖国培养新一代的光荣任务。为了培养合格的中学师资，使我们的同学在毕业后能够胜任中学教师的工作，就必须针对师范教育的特点给予他们专门的训练。

师范教育的特点是由师范教育的任务所决定的。我们学校的任务既然在于培养中学师资，那么，在教育内容方面，不仅要以某一专业（如数学、物理、化学、生物）的科学知识武装同学，还要给予他们教育业务的训练。这是我们高等师范学校跟其他类型的高等学校的不同之处，也就是师范教育的主要特点。所谓教育业务训练，是指通过各种途径，使学生掌握从事教育和教学工作所必须具备的业务知识和技能。作为一名合格的中学教师，必须掌握马克思列宁主义的教育基本理论，熟悉党的教育方针、政策；具有一定的心理学知识，了解青少年的心理特点；善于运用教学理论，分析教材，组织教学过程，有效地把知识传授给学生；善于根据学生的特点，对学生进行思想品德教育。为了做好教育、教学工作，教师必须热爱青少年、热爱教育工作，具有“循循善诱”

“学不厌、教不倦”的精神。教师为人师表，其言行本身就有教育的作用，因此，教师又必须有较高的思想觉悟和品德修养。这样，才能以身作则，收到潜移默化之效。此外，教师工作的特点，无论是教学或教育工作，主要都是通过语言文字来进行的，这就要求教师要有较高的口头和文字表达能力。就理科教师来说，还必须具有熟练的进行实验、实习作业的实际操作技能。上述种种，是每一个合格教师所必须具备的，而所有这些，都是教育业务训练的内容。

教师的根本任务，是认真教好功课，完成教学任务。要教好功课，就必须掌握所教课程的专业知识。如果缺乏或者没有很好地掌握本门学科的专业知识，那是无论如何也不能教好功课的。因此，我们的同学必须切实学好各门专业基础课程。这是基本的。但是，仅仅只学好专业基础课程，而缺乏必要的教育业务训练，那也不容易教好学生。因为把自己懂得的知识传授给学生，这中间要经过一个过程，这就是教学过程。不了解教学过程的规律，就不能进行有效的传授，更何况教书还要教人，有必要懂得教人的道理和方法。所以，正确处理专业知识教育和教育业务训练之间的关系，是办好师范教育的关键。这就是说，既要加强专业课程的教学，提高学生的文化科学知识水平，也要注意加强教育业务的训练。这二者都是为了实现培养合格中学师资这一目标的。

如何加强教育业务的训练呢？我认为可以从以下四个方面来进行：

第一，开设教育课程，提高教育课程的质量。教育课程包括教育学、心理学、分科教学法（如中学数学教学法、中学物理教学法等），这三门课程，各系都必须开设，并保证一定的时间（不能过多，也不能过少）。这些课程的教学，要本着精简集中、切合实用的原则，紧密结合中学实际，做到学以致用。

第二，切实做好教育见习和教育实习工作。教育课程的讲授，主要是传授有关教育业务的基础理论和基本知识。而要使学生牢固、深刻地掌握这些基本理论和基本知识，并能运用于实际，使之转化为实际的技能，这就必须通过教育见习和实习。教育见习在于使学生验证和加深理解课堂讲授的知识，熟悉中学的业务。教育实习则在于使学生在教师指导下独立进行教学工作和班主任工作，获得从事教学和教育工作的初步锻炼。教育见习应在平时分散进行，特别是结合三门教育课程的讲授，有计划有组织地进行。教育实习则宜于集中进行，时间可安排为6～8周。教育实习相当于工、农业高等学校的生产实习，这是培养专门人才的必要环节，必须予以应有的重视。

第三，专业课程的教学，应当尽可能地联系中学实际，有意识地进行教育业务的训练。这种联系和训练，不但表现在教材内容上，而且表现在整个教学过程中。教师讲课的科学性、思想性和逻辑性，语言的精练、准确，板书的清晰、完整、有条理、绘图正确，以至在课堂上的一举一动（如不随地吐痰、不用手指擦黑板等），以及教师本人的学而不厌、诲人不倦的工作态度，对师范大学的学生来说，都具有教育业务训练的意义。至于通过教学，培养学生的绘图、运算、实验操作、制作教具、批改作业等技能和技巧，那就更要有意识地进行了。

第四，采取各种措施，提高学生的口头和文字表达能力。就提高口头表达能力来说，可以通过课堂提问、课堂讨论，组织读书报告会、座谈会、讨论会、演说比赛以及通过其他各种会议，有意识地进行训练。提高文字表达能力，可以通过课外作业（叙述性的），写发言提纲、实验报告、教学见习和实习报告、读书笔记和读书心得，适当组织写作比赛（如利用节日纪念举行征文比赛），出墙报、黑板报等多种方式进行训练。为了使这些训练切实可行，各系、各年级、各班都要制订训练计划，既要保证训练质量，又不能使学生负担过重，同时还要求所有教师通力合作，利用各种教学环节相机进行。

必须学好教育课程

教育课程是高等师范学校教学计划中的一个主要组成部分，这是由师范教育的特点所决定的。为了培养合格的中等学校师资，高等师范学校必须对学生进行教育业务训练。而开设教育课程并提高其质量，是进行教育业务训练的首要措施。

本学期，各系都开设了教育学和心理学。从两个月的教学情况来看，大多数同学都能认真学习这两门课程。

但是，也有些同学在学习这两门课程时不够认真。他们认为，这两门课程可有可无。他们到中学当教师，既不教教育学，也不教心理学，而是教自己所学的专业学科，因此，现在只要学好专业基础课就行了。他们还有这样的“理由”：很多有经验的教师，过去并没有学过教育学和心理学，可是他们的课却教得很好；相反，有些学过教育学和心理学的教师，却教得并不好。因而他们得出这样的结论：能不能教好书，决定于自己肚子里有没有“货”（专业知识），而不在于学不学教育学和心理学。

作为一个师范大学的学生，是否“只要学好专业基础课就行了”呢？我们认为，还不行。因为把自己懂得的知识传授给学生，这中间要经过一个过程，这就是教学过程。教学过程是教师和学生双方活动的过程，而教师在这个过程中起着主导的作用。参加这个过程的不是一个学生，而是几十个学生。这些学生在基础、才能、性格、兴趣、努力程度等各方面，都有所不同。如何针对学生的特点，正确地组织教学工作，使所有学生都能掌握教师所传授的知识和技能，这是一个极其复杂的过程，也是一个极其复杂的问题。教学过程虽然极其复杂，却是具有规律性的。学习教育学和心理学，就可以帮助我们获得关于教学过程的规律性的知识（当然还有必要学习分科教学法）。

至于有些有经验的教师没有学过教育学和心理学却能教得很好，有些学过的却教得并不好，这样的事实诚然是有的。但是，原因在哪里？从前者来说，首先，他们精通所教的学科知识（其中有些人可能还是逐步进修而精通的）；其次，他们在长期的实践过程中，不断地从摸索中找到了合乎教学规律的途径和方法（其中不少人对教学规律的掌握并不是自觉的，他们知其然而不知其所以然）。他们在教学上走过不少弯路，碰过不少困难，也犯过不少错误。他们在长期的摸索中，不断地克服困难、修正错误，逐步积累经验，终于熟练地掌握了一套合乎规律的教学方式方法。这大概就是有些有经验的教师没有学过教育课程而能教好功课的原因。但是，作为师范大学培养出来的教师，是否也要和他们一样完全靠着摸索来积累经验呢？如果我们在学习期间掌握了一定的教育学和心理学的理论知识，将来到工作岗位上再以这些理论知识来指导实践，自觉地运用这些知识来组织教学工作，不是更好一些吗？不是可以不走或者少走些弯路，更快地掌握教学规律，而使所教的学生在学习上少受一些损失吗？其实，就是在那些没有学过教育课程而能教好功课的有经验的教师中，也有很多人在自己的工作岗位上孜孜不倦地自学着有关教育业务知识的书刊。这里我举一个例子，上海有位著名的中学生物教师顾巧英，原是一个高中毕业生，不但没有学过教育学和心理学，也没有学过高等学校的生物学课程。由于党的教育、教研组的帮助和个人的刻苦钻研，她最终成为一名出色的生物教师。仔细、认真地备课是她的成功经验之一，而在备课中，《米丘林生物学教学法》、《中学植物学的课堂教学》、教育学教科书以及《生物学通报》《人民教育》等书刊对她在这方面的启示和帮助是很大的。它们不只帮助她提高了理论上的认识，也帮助她掌握了教学的方法[①]。可见，教育业务知识对教师教好功课是具有很大作用的。

再就对有些学过教育课程反而教得不好的教师来说，可能有这样几种情况：第一，自己的专业知识没有学好，没有深刻地掌握所教的教材。如果是这样，教育课程当然不能帮忙。第二，没有学好教育课程，不能融会贯通地把教育学和心理学的知识用于教学实际。第三，理论脱离实际，虽然有了教育学和心理学的知识，却不去运用它们。此外还可能是由于工作态度不端正、积极性不高、不肯刻苦钻研等。这些情况，都不能证明师范大学的学生可以不学教育学和心理学。

以上是从教学的角度来谈的。但是，教师的任务不只是在于教书，还在于教人。而且归根到底，教书也还是为了教人。这就是说，教师既要进行教学工作，又要进行教育工作。为了做好教育工作，教师必须了解青少年的心理特点，掌握教育的有效方法。这也就要求我们要学习心理学和教育学。

最近我们发现，有些同学在学习教育学时虽然热情很高，但他们迫切希望知道教书的方法，而对于教育理论部分似乎兴趣不大。这种心情是可以理解的。因为他们已经到了毕业的年级，不久就将担负起教学的任务，而在如何开展教学工作方面，他们还是没有准备。当然，教育学课程应当满足他们在这一方面的要求。可是教育学毕竟不同于分科教学法，它不只是讲授关于组织教学过程的各种形式和进行教学的各种方法

① 华东师范大学研究和总结上海中学生物教学先进经验科学研究小组.顾巧英的生物教学:研究和总结上海中学生物教学先进经验报告[M].上海:新知识出版社,1956:36.

(就是在这些方面，也还是从教学理论方面来讲的，不同于分科教学法那样是根据某一学科教材来讲的)，还要讲授马克思列宁主义的教育基本理论和党的教育方针、政策，以及关于对学生进行思想政治教育的原则和方法等，这都是每一个合格的中学教师所必须具备的知识。

教育实习是培养合格师资的重要环节

我校是一所理科师范大学。我校的任务是培养中等学校理科师资。这就决定着要对学生进行教育业务训练，不仅要使他们理解马克思列宁主义的教育理论和党的教育方针政策，了解青少年的特点、中学的教材内容和教学方法，而且要使他们初步具有进行教学和担任班主任工作的实际能力。这样，除了教育课程（心理学、教育学、中学教材教法）的教学以外，还必须进行教育实习。教育实习是使实习生把教育理论知识运用于实际的一种初步锻炼。这种锻炼是不可缺少的，它是使我们把知识转化为能力的一个必要的过程。尽管我们从教育课程的学习中，懂得了如何运用教学和教育原则，如何组织和讲解教材，以及如何对中学生进行思想品德教育等一类的知识，甚至通过教育见习，也看到了人家是怎样进行教学和教育工作的。但是，不通过教育实习，我们就不可能在踏上工作岗位之前，基本上学会运用这些知识，具有独立进行教学和教育工作的初步能力。理论必须联系实际，只有通过实践，才能使我们真正掌握理论知识，把理论知识转化为实际能力。

教育实习不仅是使实习生把所学得的教育理论知识运用于实际，更重要的，它是实习生运用所学专业知识进行教学的一个过程。在高师四年的学习过程中，我们大部分时间是用于学习专业课程的，通过这些课程的学习，我们掌握了较高深的专业知识，运用这些知识，就能帮助我们居高临下地处理中学教材，深入浅出地讲解中学教材。对于中学生来说，他们所学的固然是最基本的东西。然而，作为教师，就必须比学生掌握更多得多和更深得多的知识。只有懂得多，才能教得少；只有深入，才能浅出。中学课程教得如何，在很大程度上决定于教师本人的专业知识修养。所以，通过教育实习，可以使我们学会如何运用所学的专业知识来进行中学的教学工作。

当然，运用知识的过程，就是检验知识的过程。在教育实习的过程中，我们综合地运用着教育理论和专业知识，同时也检验着我们所学的教育理论和专业知识的质量到底怎样。古人说过："书到用时方恨少。"通过教育实习，很可能发现我们所学的，还有一些甚至有很多不足的地方。如果我们发现了这种情况，也丝毫用不着奇怪，更不应该气馁。重要的是我们要正视它，在实习结束回校以后，抓紧毕业前的一段时间，针对不足，采取措施，补差补缺，把我们的质量提高到国家要求的水平。《学记》中说："学然后知不足，教然后知困。知不足，然后能自反也；知困，然后能自强也。"知道了自己的不足和困惑所在，可以促使我们反求诸己，加强学习，不断提高。

教育实习是我们师范大学全部教学过程的一个环节。对实习生来说，它仍然是一个学习的过程。它和课内学习的区别，主要在于它具有更大的独立性，要更多地向实际学习，向实习学校的教师们学习。作为师范大学的应届毕业生，即将踏上教育工作岗位，担负起培养新生一代的光荣的教师职务，因而就必须了解中等学校的实际，学会独立工作，而不致使自己以一个"陌生者"的身份加入教师的行列。固然我们过去都在中等学校里学习过一段不短的时期，对中学生活是熟悉的，但是从教师的角度来了解中等学校，一般都还是生平第一次。因此，在教育实习过程中，我们要从各个方面进行了解和学习，特别是要了解当前中等学校贯彻党的教育方针、政策的措施和教学改革等情况，学习先进的教育和教学经验。教育实习具有独立作业的性质，因而在学习上就需要发挥更大的主动性和独立性。实际生活的内容比书本上的要丰富、生动得多，只要善于学习，我们就能够从实际中学到许多有用的东西，用以充实和提高自己。我们在向实际学习、向实习学校的教师们学习的时候，一定要拜他们做老师，恭恭敬敬地学，老老实实地学。不懂就是不懂，不要装懂。我们要善于发现人家的优点，吸取人家的长处，哪怕是一点一滴的，而不要光找人家的缺点（任何人都不可能没有缺点）。其实，就是人家的缺点，对于善于学习的人来说，也自然有教育的意义。孔子说过："三人行，必有我师焉；择其善者而从之，其不善者而改之。"这句话是值得我们深思的。

教育实习是我们学校的一项重要工作，而对我们实习同学来说，更是一件大事。我们将看到，实习同学——未来的教师们，怀着激动的心情，第一次踏上讲台，面对着可爱的青少年学生，讲解自己精心准备的课程内容，把真正的科学知识传授给他们，用自己热爱祖国、热爱社会主义教育事业的思想感情感染他们。毫无疑问，这第一课，将会给我们留下终生难忘的印象。虽然，教育实习只不过是初露锋芒，然而它一定会使我们体会到教师工作的复杂性和艰巨性，也会使我们体会到"人类灵魂工程师"的光荣感，从而坚定我们的信念，把毕生的精力贡献给党的教育事业，为我们伟大的祖国培养共产主义事业的接班人。

高等师范教育要加强教育业务训练

中小学教育是整个教育的基础，提高中小学教育质量，对于促进“四化”建设的实现，对于提高全民族的科学文化水平，都具有极为重要的意义。

如何提高中小学教育的质量，牵涉面很广，但根本的一条是提高中小学教师的水平。这就关系到师范教育的质量问题，师范教育在整个教育事业中处于“工作母机”的地位。只有提高师范教育的质量，培养出大批合格的又红又专的中小学师资，才能从根本上提高中小学教育的质量。

1980年6月，胡耀邦同志代表党中央在师范教育座谈会上向广大教师提出了三个要求：一是要有比较渊博的知识；二是要掌握教育科学，懂得教育的规律；三是要具有高尚的道德品质和崇高的精神境界，能为人师表。我认为，对于一个教师来说，这三条要求，是应当而且必须具备的。各级师范学校都应该把这三条要求作为自己培养新师资的质量标准。我们培养的师资是否合乎规格，就要用这三条标准来衡量。

根据师范教育的任务和对师资的要求，师范教育要加强教育业务训练，这是师范教育的特点，也就是我们通常说的师范性。高等师范教育肩负着培养中等学校师资的重要任务，当然要具有这个特点，就要加强教育业务训练。

所谓教育业务训练，是指通过各种途径，培养学生具有热爱教育工作、献身教育事业的专业思想，掌握从事教育和教学业务所必须具备的知识和技能。作为一个合格的中学教师，除了掌握本专业方面比较渊博的知识以外，还必须掌握教育科学的基本理论，懂得教育的规律；具有一定的心理学知识，了解青少年的生理、心理特点；善于运用教学理论，分析教材，组织教学过程，有效地把知识传授给学生，发展学生的智力和才能；善于根据学生的特点，对学生进行思想品德教育。为了做好教育和教学工作，教师必须热爱青少年学生，热爱教育工作，具有“忠诚党的教育事业”“循循善诱”“学不厌、教不倦”的精神。教师为人师表，其言行本身就具有教育的作用。因此，教师必须有高尚的道德品质和崇高的精神境界，这样，才能以身作则、言传身教，起到潜移默化之效。教师工作的特点，无论是教学或教育工作，主要都是通过语言、文字来进行的，这就要求教师要有较高的口头和文字表达能力。此外，教师还要具有善于演示、实验、制作教具和使用现代化教学手段等实际操作技能。上述种种，是每一个合格教师所必须具备的。而所有这些，都是教育业务训练的内容。

教育业务训练，目前在我国高等师范院校中，还处于可有可无、不受重视的地位。20世纪60年代初，心理学被取消，教育学的教学时数被大大削减。及至“文革”时期，教育学名存而实亡，有的甚至连名也改掉了。分科教学法被认为是搞“智育第一”，当然要取消。在那个时期，一切文化科学知识都不被重视，更何况教育业务训练。粉碎“四人帮”以后，教育事业越来越被重视，对师资的要求也越来越高。但在高等师范院校中，教育业务训练还是薄弱的一环。

教育业务训练之所以不被重视，是由于人们对教师工作的特点缺乏正确的认识，从而产生了轻视师范教育的错误思想。如有的同志认为，教师只要掌握本门专业的知识，就能把书教好，学不学教育科学关系不大。他们还举例说，某些有经验的中学教师，过去并没有学过教育科学，没有受到教育业务训练，可是他们的课教得很好，深受学生和家长的欢迎，有的还被评为特级教师。甚至有人认为师范性就是“落后性”，主张高等师范院校向综合大学看齐，最好是改为综合大学，不要把时间“浪费”在教育业务训练上，而让学生一心一意地专攻本门学科的专业课程，这样才能培养出高质量的师资。他们还说，世界上一些发达国家已经实行由综合大学培养师资的办法，为什么我们不能学习这种“先进经验”呢？

作为未来教师的师范大学学生，必须学好本专业的课程，掌握比较渊博的专业知识，这是毫无疑问的。但是，光这样就行了吗？我们认为，光这样还不行。因为把自己精通的知识传授给学生，这中间要经过一个过程，这就是教学过程。教学过程是教师和学生双方活动的过程，而教师在这个过程中起着主导的作用。参加这个过程的学生，不是一个两个，而是几十个。这些学生在知识基础、智力、兴趣、性格、努力程度等各方面都有所不同。如何针对学生的特点，正确地组织教学工作，使所有学生都能掌握教师所传授的知识和技能，并使他们的智力和才能得到充分的发展，这是一个复杂的过程。然而，教学过程尽管极其复杂，却具有规律性。学习教育科学，就可以帮助我们获得关于教学过程中规律性的知识。何况教师的任务不仅在于教书，还在于教人。人们把教师称为“人类灵魂工程师”，就是因为教师要教人，要塑造人的灵魂。这个教人的工作，比之教书的工作要复杂、艰巨得多。要做好教人的工作，就更加要学习教育科学，掌握教育人的规律和方法。

至于有些有经验的中学教师没有学过教育科学，却能把书教得很好，这样的人确实是有，我们也接触过。但是原因在哪里？首先，他们精通所教的学科，掌握了本专业比较渊博的知识；其次，他们有丰富的教学经验，在长期实践过程中，不断地从摸索中找到了合乎教学规律的途径和方法（其中不少人对教学规律的掌握并不是自觉的，他们知其然而不知其所以然）。他们在教学上走过不少弯路，碰到过不少困难，也犯过不少错误。他们经过长期摸索，不断地克服困难，修正错误，逐步积累经验，终于熟练地掌握了一套合乎规律的教学方式方法。这大概就是有些有经验的教师没有学过教育科学而能教好课的原因。我们培养师范大学生，难道也要他们将来和上述教师一样完全依靠摸索来积累经验，从“尝试错误”中来掌握教学规律吗？如果在学习期间就让他们接受教育业务训练，学习教育科学，将来到工作岗位上把所学的东西应用于教学实践，不是可以不走或者少走弯路，更快、更自觉地掌握教学规律，而使所教的学生不受或少受一些损失吗？

高等师范院校必须具有师范性，必须对学生进行教育业务训练，这是教师工作的特点决定的。所谓“向综合大学看齐”，如果是指高等师范院校的专业课程（或其中的主要课程）不低于综合大学同类专业的水平，这样的“看齐”是应该的，也是必要的。但是，要把高等师范院校办成或改成综合大学，取消师范性，取消教育业务训练，那就不正确了。

在有些发达国家里，综合大学的确也负有培养师资的任务，甚至有取代高等师范院校的趋势。但是，它们并没有取消师范性，没有取消教育业务训练。例如，美国自20世纪30年代以来，独立的高等师范院校逐渐减少，培养师资的任务逐步为文理学院、综合大学所取代（全国有21个州已无师范院校存在）。美国各州规定，中小学教师必须接受四年的大学教育，取得学士学位；有些州还要求接受五年的大学教育，能取得硕士学位。（当时美国有大约三分之一的小学和初中教师已在大学修业五年，取得了硕士学位。）志愿取得教师资格证书的大学生，除学习本门专业课程以外，还必须学习教育课程（最低限度为15学分，一般为21学分），教育课程包括美国教育、教育哲学、教育心理学、教学法、教育实习等。不修满规定的教育课程学分，即使专业课程成绩再好，也不能取得教师资格证书，不能担任教师工作。又如，日本虽有教育大学、学艺大学这类专设的高等师范教育机构，但为数不多，中小学师资的培养主要由综合大学、短期大学（只培养初中和小学师资）负责。志愿取得教师资格证书的大学生，必须学习教育课程，如教育学、教育史、教学法、教育心理学、儿童心理学、教育实习等，这些课程占总学时数的15%。日本的综合大学，一般都设有教育学院，专为志愿做教师的大学生开设教育课程，而有关专业课程则由所属专业的院系开设。再如，英国的综合大学也负责培养师资，但志愿做教师的大学生，在本科毕业后，还须进入大学教育系或独立设置的教育学院接受一年的教育业务训练，其中包括不少于60天的教育实习，否则就不能取得教师资格证书，不能担任教师工作。可见这些国家的师资培养，越来越多地由综合大学负责，但它们并没有抛弃师范性，相反，它们更加重视对未来教师的教育业务训练。

由此可见，为了适应“四化”建设和教育事业发展的需要，高等师范教育除了要在广度和深度上努力提高专业知识和质量以外，还必须加强教育业务训练。只有这样，才能培养出符合教师规格的，既善于教书，又善于教人的又红又专的中等学校师资。

如何加强教育业务训练呢？我认为，应开好教育课程，包括教育学、心理学、分科教学法，这是关键。因此，高等师范院校应积极恢复或建立各门教育课程的教学组织，充实教师队伍，开展教学研究活动，进行教材建设，把教育课程开足开好。要有计划地组织教学见习和教育实习工作。教学见习应结合教育课程的教学，安排一定时间进行，不能等到教育实习时才去熟悉中学。有条件的高等师范院校还应开设教育史课程，讲授中外教育史知识。教育课程的教学时数，在总学时数中所占比重应不少于10%。

例如，为了提高学生的语文水平，高等师范院校不论文科、理科专业，都应开设一年的“大一语文”课程（语文教学应着重于习作）。文科各专业还应开设逻辑学。

高等师范院校当然应以教学为主，以教学为中心。为了提高教学质量，教师还必须进行科学研究，使科学研究为教学服务。教师进行科学研究，课题是多方面的。但各科教师应重视教育科学的研究，特别是教育学科教师，更应当侧重于教育科学的研究，并且应当面向中学，侧重于普通教育的研究。只有大力开展教育科学研究，才能不断充实和更新教育课程的内容，提高业务训练的水平。教育实验是教育科学研究的一个重要方法，这就要求高等师范院校必须把附属学校办好，作为教育实验的基地。当然，附属学校也是高师学生进行教育见习和实习的场所。

为了加强教育业务训练，高等师范院校应有计划有组织地指导学生开展课余学术研究活动，如组织各种学术研究会、社，举办各种报告会、讲演会（主要由学生作各类课题的报告、讲演，也可请大学教师和有经验的中学教师作报告、讲演，还可以举办讲演竞赛）；教师的科学讨论会、学术报告会应允许学生参加，学生也可以在会上报告自己的论文；鼓励学生写作，如利用校刊、学报为刊登学生作品提供便利条件，或刊印学生作品专集等。这些活动，可以使学生开阔视野、活跃思想、培养科研兴趣和能力，并有利于口头表达能力和写作能力的训练。

高等师范院校既要提高本门专业课的水平，又要加强教育业务训练，而要做到二者兼顾，应考虑适当延长学制年限，把本科四年改为五年，专科两年改为三年，保证有足够的时间进行基础课、专业课的教学和教育业务训练，全面提高高等师范教育的质量。

综合大学如有培养师资的任务，则这一部分也应纳入高等师范教育的范围。也就是说，综合大学学生如果毕业后准备当教师，就应按照高等师范教育的要求，对他们进行教育业务训练。这种训练，可以在综合大学进行，也可以在本科毕业后由高等师范院校代为培训。今后应该逐步做到：没有经过教育业务训练的大学毕业生，不得分配当教师。教育学院、教师进修学院以及其他培训在职教师的教育机构，都应把教育业务训练作为培训的重要内容，以提高教师的教育业务水平。

关于高等师范教育改革的几个问题

实现四个现代化，科学技术是关键，教育是基础。1984年10月，在中共十二届三中全会通过《中共中央关于经济体制改革的决定》（后文简称《决定》）之后，邓小平同志在中央顾问委员会全体会议上深刻地指出，《决定》共十条，其中最重要的是第九条，概括起来就是“尊重知识，尊重人才”八个字。这就使我们更加认识到作为培养人才的教育事业对发展经济、实现“四化”的重大意义。就整个教育体系来说，中小学是教育的基础。中小学的教育质量，关系到各类高等学校的教育质量，关系到我国全体人民的文化科学知识水平。为了提高中小学教育的质量，打好培养人才的基础，必须重视师范教育，把各级师范学校办好。师范教育是整个教育事业的“工作母机”，是基础的基础。但要办好师范教育，还有很多问题需要研究，需要改革。这里，我想谈谈关于高等师范教育改革的几个问题：招生问题、专业和课程设置问题、高等师范教育的师范性问题以及今后发展问题。

一、招生问题

1980年6月，全国师范教育工作会议确定，师范教育要按重点来办。为了保证师范学生的培养质量，从1980年起，省属重点师范大学或师范学院在招生时，可同全国重点高等学校一起，列入第一批录取。这个决定，对于保证高等师范院校的新生质量，提高师范教育的地位，促使师范院校努力培养国家高质量的师资具有重要意义。

但是，问题在于现在很多青年不愿当教师，因而在高考时不愿报考师范院校。师范院校录取的新生中，有不少人并没有填师范志愿，而是以“服从分配”录取的。有报纸报道，山东益都二中去年毕业的学习较好的学生中，竟没有一人将师范院校当作他们的第一志愿，这说明教师在人们心目中的地位并没有真正提高。其实，这种现象并不是个别的。就是师范院校在校学生中，也仍然有不少人不愿当教师。1982年，我校教育学教研室曾在数学、历史等8个系的554名三年级学生中开展了一次关于公共教育学课程教学问题的调查。对“毕业后你愿意当教师吗？”这一问题的回答为：志愿当教师的307人，占被调查人数的55.4%；不愿当教师的233人，占42.1%；未作回答的14人，占2.5%。在师范大学学了3年的大学生，竟有42.1%的人毕业后不愿当教师，这如何保证我们培养的师资能够忠诚于党的教育事业，全心全意地把教育工作做好？

为什么很多青年不愿当教师？原因是多方面的，有历史的，也有现实的。在旧中国，教师被称为“穷教书匠”，俗话说：“家有二斗粮，不当孩子王。”历史遗留下来的这种轻视教师职业的旧观念，现在还没有完全消除。“文革”期间，教师队伍所受到的迫害、摧残，今天这一代青年更是记忆犹新，这对他们在选择职业问题上不无一定的影响。当然，主要还是教师工作辛苦，社会地位和物质待遇低，这是现实的根本原因。

青年们不愿当教师，这种现象在别的国家也是有的。例如，在苏联，很多中学毕业生不愿选择师范专业。据苏联政府统计资料显示：在报考师范院校的学生中，有62.5%的人不是出于热爱教育事业，而是认为师范院校的录取标准比较低，容易考取。在师范院校毕业生中，不愿当教师的占38.2%。苏联青年不愿当教师，与苏联教师工资待遇低有关。苏联教师工资仅达到国民平均工资水平的84.7%，因此，苏联的教师工作并不是人们羡慕的职业。

在日本，过去教师工资不高，青年人也多不愿当教师。后来多次提高教师工资标准，特别是1974年实行《确实保证教育人才法案》和《教师增薪三年计划》，使教师的工资标准高于行政部门职员的工资标准，扭转了教师工资偏低的局面，从而改变了人们对教师这个行业的看法。就在采取这项措施的第二年（1975年），国立大学教育学院招生考试和教师检定考试，都出现了激烈竞争的热潮，不少优秀的人才奔向教育界。据报道，现在在日本（编者注：1984年），教师被人们称为“神圣的职业”。就是小学教师，也成为人们竞相求取的“热门职业”。东京1980年录用小学教师的考试，每17个报考者只能录取1人。“稳定的职业，较高的工资收入，在社会上得到了人们的尊重，所以很多大学毕业生都想当小学教师了。”①小学教师如此，中学教师就更不用说了。

提高教师的地位和工资待遇，是鼓励优秀青年报考师范院校，献身教育事业，克服轻视师范教育和轻视教师的错误思想的根本措施。列宁在他逝世的前一年，在讲到国民教育方面做了很多工作之后，强调：“但是我们没有做主要的事情。我们没有注意到或很少注意到提高人民

① 王守荣.受人尊重的职业[N].光明日报，1980-10-25.

教师地位的问题，而不提高人民教师的地位，就谈不上任何文化……”①他说：“应当把我国人民教师提高到从未有过的，在资产阶级社会里没有也不可能有的崇高的地位。这是用不着证明的真理。为此，就必须进行有步骤的、坚持不懈的工作，来提高他们的思想意识，使他们具有真正符合他们的崇高称号的各方面的素养，而最最重要的是提高他们的物质生活条件。”②列宁把“提高人民教师的地位”“提高他们的物质生活条件”看作是“主要的事情”、“最最重要的事情”，这是值得我们深思的。我们应当遵循列宁的教导，采取切实有效的措施，提高教师的社会地位和物质生活待遇，像陈云同志所说的：逐步使教师工作真正成为社会上最受人尊敬、最值得羡慕的职业之一。

值得称颂和借鉴的，是朝鲜民主主义人民共和国在这方面所采取的措施。朝鲜政府为了保证把优秀学生选拔到师范大学学习（师范大学培养中学师资，小学教师和幼儿园教养员由三年制的教员大学培养），规定师范大学属一级大学，和朝鲜唯一的综合大学——金日成综合大学同时招生，然后才是其他大学招生。师范大学在校学生助学金高于其他大学两倍，毕业生的工资也高于其他大学毕业生。在朝鲜，尊重、关心和支持教师已经成为一种社会风尚。教师出差、休假时外出乘火车、汽车，有专门窗口买票；理发店为教师设置专座，优先理发；住房、就医、市内乘车、买粮、买菜等，都优先照顾教师。朝鲜在提高教师地位和物质生活条件方面所采取的具体措施，的确值得我们学习。

当然，为了使更多的优秀青年立志献身教育事业，还必须加强思想教育工作。对高中即将毕业的学生进行升学指导时，教师要宣传教育工作在建设物质文明和精神文明中的地位和作用，号召优秀毕业生积极报考高等师范院校。高等师范院校录取新生入学以后，在整个学习期间，

---

① 列宁选集：第4卷[M]. 北京：人民出版社，1972：677.

② 列宁选集：第四卷[M]. 北京：人民出版社，1972：678.

应把专业思想教育作为思想政治教育的重要内容。一个师范大学生，有无从事教育事业的思想准备，对于他的学习效果大不一样。立志从事教育事业的学生，他们不仅勤奋学习专业学科，而且努力钻研教育科学，希望自己成为学有专长的懂教育的行家。那些不愿当教师的学生，则不安心于学习，特别是对教育科学不感兴趣，这就很难保证他们受到应有的教育业务训练，从而不能达到师范教育的培养目标。

为了扩大学生来源，保证新生质量，高等师范院校，特别是省属师范院校，可以考虑采取提前招生、单独考试的办法〔上海市中等师范学校两年前（编者注：1982年）〕就实行了这种办法，很有成效。在招生时，还应当确定一定比例，从热爱教育事业、具有高中毕业程度的中小学教师（包括民办教师和代课教师），特别是农村中小学教师中选拔录取。对这些考生，在年龄上适当放宽，录取标准可适当给予照顾。对其中的优秀教师，可以通过一定考核手续，免试录取。这些人有一定的教育工作经验，热爱教育事业，再在高等师范院校加以培养，有可能成为更加适合中学需要的合格师资。其中来自农村的学生，毕业后更有条件为改变农村教育落后面貌而贡献其才智。

二、专业和课程设置问题

我国高等师范院校的专业设置，是以培养中学某一门学科教师为目标来确定的。中学所开设的课程，在高等师范院校中都没有相应的对口的专业。这样的专业设置，其优点是培养目标单一集中，可以学得较深厚的专业知识；而缺点则在于课程设置比较狭窄，学生毕业后适应能力不强，不能满足中学对师资的要求。

在学校实际生活中，一个中学教师自始至终只教一门跟他在高等师范院校所学专业对口的学科，这种情况并不是很多的。较多的人要教第二门学科，甚至教第三门学科。特别是农村中学，一般规模较小，更是如此。如语文教师兼教历史，历史教师兼教地理，数学教师兼教物理，物理教师兼教化学，化学教师兼教生物，音乐教师兼教美术，如此等等。由于高等师范院校专业课程设置的单一化，一个中学教师在担任第二门学科教学时，势必处于无专业准备的状态，从而不能保证教学的质量。

我国高等师范院校的专业设置，是新中国成立初期学习苏联而一直沿袭下来的。当时苏联的高等师范学校其专业设置是以培养只教一门学科的教师为目标而确定的。但是，苏联从1956—1957学年起，又设立了五年制的高等师范院校，学生学习两个专业，培养教两门学科的教师。现在（编者注：1984年）苏联高等师范院校的毕业生只有36%的人学一个专业（四年制），有64%的人学两个专业。为了使在职教师能教第二门学科，苏联在高等师范教育系统的函授部和夜校开设了一些专班，使在职教师在2～3年内学完规定的课程，掌握第二门专业。

高等师范教育对师资的培养，必须面向中学，适应中学的实际需要。就适应需要来说，特别是对规模不大的农村中学来说，高等师范院校应当培养能教两门学科的教师。当然，我们不主张一个学生同时学两个专业，如同苏联的五年制高等师范院校那样，这在有限的时间内（即便是五年）是很难学好的。我们主张有主有从地培养能教两门学科的教师。这就是说，高等师范院校的学生学的专业还是一个，但在课程设置上，要保证他们在学好本专业的前提下，为他们将来教第二门学科提供学业上的准备。为实现这一目标，我们主张：第一，适当延长高等师范教育的学制年限，把本科四年改为五年，专科二年改为三年，保证学生有足够的时间学好基础课、专业课和选修课，并加强教育业务训练，全面提高师资培养的质量。第二，基础课知识面要广一些，文科学生要学点自然科学，理科学生要学点社会科学。基础知识面广一些，对于未来的教师是特别需要的。第三，专业面稍宽一点，本科在四、五年级设选修组课，为学生将来教第二门学科作准备。如中文专业可设历史选修组课，历史专业可设地理选修组课、政治选修组课，数学专业可设物理选修组课，物理专业可设数学选修组课、化学选修组课，化学专业可设物理选修组课、生物选修组课，艺术系的美术专业设音乐选修组课，音乐专业设美术选修组课，如此等等。选修组课由有关专业的几门主要课程（包括分科教学法）组成，学生选学时必须按组选修，即选习某一选修组的全部课程。师范专科可在三年级设选修组课程。

由于科学技术的发展，中学在课程设置和教材内容方面势必要进行改革和更新。高等师范院校必须在教学上考虑这方面的需要，增设新的课程（如计算机应用），对原有课程的教材进行必要的改革和更新。

为了适应中等教育结构改革的需要，高等师范院校必须担负起培养中等专业学校、职业中学、技工学校教师的任务。为此，高等师范院校必须打破传统的专业体系，设置新的专业。为解决这方面师资培养的任务，我们认为应从下列几方面着手进行：（1）恢复和创办某些专业师范学院；（2）在原有的师范院校内创建某些必需的有关中等职业教育的新专业；（3）指定部分工农业高等院校担负培养中等职业学校师资的任务，并在这些院校内开设教育理论和教学法课程，对学生进行教育业务训练；（4）每年从工农业高等院校应届毕业生中挑选部分学生，送入高等师范院校进行一年的教育业务训练，经考试合格后派任中等职业学校的教师。

三、高等师范教育的师范性问题

高等师范院校要不要坚持师范性，这是一个有争议的问题。长期以来，有些人轻视或反对师范性。他们认为，教师只要掌握本门专业的知识就能把书教好，学不学教育科学并无多大关系。甚至有人认为师范性就是“落后性”，主张高等师范院校向综合大学看齐，最好是改为综合大学，不要把时间“浪费”在教育业务训练上，而让学生一心一意地专攻本门学科的专业课程，这样才能培养出高质量的师资。显然，这种认识是不正确的。

什么是师范性？师范性就是师范教育的特点。高等师范院校的师范性是由它的任务决定的。高等师范学院的任务，主要是培养中等学校的合格教师。怎样才算是合格教师？合格的标准是什么？1980年6月，全国师范教育工作会议开会之际，胡耀邦同志代表党中央在师范教育座谈会上向广大教师提出了三个要求：一是要有比较渊博的知识；二是要掌握教育科学，懂得教育的规律；三是要具有高尚的道德品质和崇高的精神境界，能为人师表。这三个对教师的要求，也是师资培养的规格，它把列宁说的“使他们具有真正符合他们的崇高称号的各方面的素养”①具体化了。高等师范院校按照这三条要求培养师资，就充分体现了高等师范教育的师范性。

作为教师，应具有渊博的知识。这里一个“渊”字，一个“博”字，也就是说，教师要有深厚的专业知识才能居高临下驾驭教材、把功课教好。同时，教师的知识面要宽广，要“博学多能”，这样才能满足青少年对知识的广泛而热切的好奇心和求知欲的需要。高等师范院校在制订教学计划时，必须兼顾“专”和“博”两个方面。在“博”的方面，高等师范院校不仅要使文科学生学点自然科学，理科学生学点社会科学，而且要通过各种途径，使所有学生都能学到一些关于美术、音乐、戏剧等方面的知识，掌握演说、书法和组织工作等方面的方法。

作为教师，单有渊博的知识还不够。因为把自己精通的知识传授给

① 列宁选集：第4卷[M].北京：人民出版社，1972：678.

学生，这中间要经过一个过程，这就是教学过程。教学过程是教师和学生双方活动的过程，而教师在这个过程中起着主导的作用。参加这个过程的学生，不是一个两个，而是几十个。这些学生在知识基础、智力、兴趣、性格、努力程度等各方面，都有所不同。如何针对学生的特点，正确地组织教学工作，使所有学生都能掌握教师所传授的知识和技能，并使他们的智力和才能得到充分的发展，这是一个复杂的过程。然而，教学过程尽管极其复杂，但都具有规律性。学习教育科学，就可以帮助我们获得关于教学过程的规律性的知识。何况教师的任务不仅在于教书，还在于教人，在于塑造人的灵魂。这个教人的工作，比之教书的工作要复杂艰巨得多。要做好教人的工作，就更需要学习教育科学，掌握教育人的规律和方法。

在思想品德方面，对教师应有更高的要求。因为教师是人类灵魂工程师，是精神文明的直接建设者，所以教师必须具有高尚的道德品质和崇高的思想境界，能为人师表。同样，未来作为教师的师范大学生，与其他大学生相比，在思想品德方面，也必须有更高的要求。师范大学生要能为人师表，就是说，在学校里，教师的思想言行应成为学生的表率；在社会上，应成为群众的表率。对师范大学生，应当按这个要求来培养。

党中央向教师提出的三条要求，对师范教育来说，就充分体现了师范性。这样的师范性，难道高等师范院校不应该坚持吗？值此改革之际，我们希望高等师范院校的同志们不要讳言师范性，而是要理直气壮地强调师范性，按照上述要求进行改革，把师范性和学术性结合起来，为国家培养高质量的师资。

四、今后发展问题

提高教育质量的关键在师资。根据我国当前中学师资质量的实际情况，我们认为，高等师范院校今后应当把培养新师资和在职教师的培训提高双重任务担当起来。

据统计，全国中学教师人数在“文革”前一年（1965年）为457000人，1978年为3182000人，13年间增加了2725000人。而在这一时期（1965—1978年），高等师范院校毕业生只有273000人，大量的是抽调小学教师和分配中师、中学毕业生当中学教师。关于我国中学师资质量，1980年全国师范教育工作会议开会时，教育部曾作过统计：全国高中教师，具有高等院校毕业学历的，1965年为70.3%，1979年为50.8%；全国初中教师，具有高等院校毕业或肄业学历的，1965年为71.9%，1979年只有10.6%。就是具有相当学历的教师，也有相当数量并没有达到应有的水平。整个教师队伍中不合格的占三分之一以上。这种情况，即便是先进地区也不例外。现在大量的是中师、中学毕业的教师在中学任教，严重地影响了中学教育的质量。

为了提高中学教育的质量，必须改变目前中学教师队伍的结构，提高中学教师的合格率。否则，就谈不上提高中学教育的质量。为此，我们主张，高等师范院校一方面要大力培养合格的新师资，充实中学教师的队伍；另一方面，应配合教育行政部门，对那些不合格的教师，分情况，通过各种形式（如办培训班、夜校、函授等），有计划地组织他们参加脱产或业余进修，促使他们在一定时期内达到合格的水平。对于少数水平太低、不宜从事教育工作的教师，教育行政和人事部门应当给予调动工作，使他们能够在其他工作岗位上发挥才干。此外，对于合格或基本合格的教师，高等师范院校应创造条件，使他们有更新知识、提高水平的机会，特别是对那些教第二门课程的教师（即与高师所学专业不对口的学科），应采取措施，使他们系统学完有关专业的选修组课，掌握第二门专业。

在现有中学教师中，初中教师的合格率特别低，因此，师范专科应该有一个较大的发展。1980年，全国师范教育工作会议要求：在经济发达的地方，一个专区应有一所师范专科学校。这个要求是正确的。我们还主张，师范大学、师范学院根据条件也可设置师范专科，以扩大师范专科生的培养。

发展师范专科，不仅是满足初中师资的需要，也是为了逐步提高小学师资水平。目前，我国小学教师是由中等师范学校培养的，这样的培养水平，在现今世界上是比较低的，不利于提高小学教育的质量。美国各州规定中小学教师必须接受四年大学教育，取得学士学位；有些州还要求接受五年的大学教育，取得硕士学位。实际上，美国约有三分之一的初中和小学教师在大学修业五年取得硕士学位了。美国自20世纪30年代起，实行中小学教师同学历、同报酬的制度，因而对中小学教师培养的要求也是相同的。小学教师，英国主要由教育学院培养，西德由师范学院培养，都是大学水平；日本主要由短期大学培养，苏联和法国由师范学校培养，都属于大专程度。由高等师范院校培养小学师资，应该是我国教育事业发展的方向：第一步，可以逐步由中等师范学校培养过渡到由师范专科培养；第二步，在小学教师程度普遍提高的基础上，再把小学教师的培养提高到师范本科程度。最近报载南通师范学校经江苏省人民政府批准，于今年（编者注：1984年）试办五年制师范班，培养具有大专水平的小学教师。这给提高小学师资培养水平开了一个好头，也为高等师范教育的发展开辟了一条新途径。今后，应在发展师范大学本科的同时，有计划、有步骤地着力发展师范专科教育。

关于高等学校学生汉语写作能力的培养和提高问题

汉语写作是表达思想、交流经验的工具，无论是在学习还是工作中，都要运用这个工具。高等学校学生是国家未来的高级建设人才，更需要熟练地掌握这个工具，具有较好的文字表达能力。所以，对于高等学校学生要求他们在汉语写作方面做到文理通顺，这是完全必要的。

在汉语写作方面做到文理通顺的确不是一件容易的事。一个学生从小学读到高中毕业花了12年的时间。在这12年中，语文是主要学科之一，所占学时最多。但直到目前为止，高中毕业学生在汉语写作方面能够达到文理通顺程度的还不是很多，学校中还存在着如何培养提高学生汉语写作能力的问题。有人认为，新中国成立以后，由于中小学语文教学片面强调思想教育，放松了基本训练，因而降低了语文水平，使一般高中毕业生不能达到文理通顺的程度。其实，这个问题在新中国成立以前也是存在的。我们只要回想一下，旧大学为什么要开设“大一国文”的课程就可以明白了。

当然，问题的根本解决在于大力改进中小学语文教学，提高中小学语文教学质量，使学生在高中毕业时就已达到文理通顺的程度，而在升入高等学校以后，就能比较正确而熟练地运用汉语这一工具。我国各级教育行政部门和各地中小学校已经在注意研究和着手解决这个问题了。不过，这是需要时间的，不可能一蹴而就。在目前阶段，高等学校应当针对现实情况积极采取措施，加强对学生的汉语写作训练，提高学生的写作水平。这里我想就高等学校（特别是理工科）采取怎样的措施来培养学生的汉语写作能力提出几点建议。

首先，应当对教师和学生进行宣传教育，使他们掌握汉语写作这一工具在学习和工作中的重要意义，从而使教师在自己的教学工作中注意培养学生的汉语写作能力，特别是使学生积极主动地利用一切可以利用的机会，有意识地注意读和写，加强汉语写作的训练。唤起学生自己对这个问题的重视是十分重要的，没有他们的自觉性和积极性，其他措施是不易收效的。

其次，过去的大学开设“大一国文”的办法可以考虑适当采用。有条件的高等学校可以在一年级开设语文课，每周3～4学时。这里所谓“条件”，主要是指：

第一，在教学计划中可以安排这一课程，而不增加学生过重的学习负担。

第二，能够解决语文师资问题。这门课程原则上作为必修课，但语文程度较好，在写作方面基本上已达文理通顺的学生可以免修。课程内容主要是写作练习和指导，当然也要选读一些范文，而选读范文还是在于为写作训练服务。

再次，结合各门课程的教学，有意识地注意培养学生写作的能力。这是一项重要的措施，在没有条件开设语文课的高等学校尤为重要。但是这方面向来是不为人们所重视的。一般任课教师不但不对学生的写作进行指导，就连学生在作业、试卷中的文理不通的文句和错别字也不加过问。他们所关心的只是课业的内容，而不管文字表达的形式。这种情况在高等学校理科教师中是很普遍的。也有人有这样的看法：高等学校学生的专业写作能力只有通过学年论文、毕业论文或毕业设计去进行训练。当然，学年论文、毕业论文或毕业设计对学生写作能力的培养和提高是起着重要的作用的，指导教师应当予以很好的重视。但是，这类作业只是到高年级才有，而高年级的这类作业与其说是汉语写作能力的训练，不如说是汉语写作能力的运用。因此，作为一种基本工具的写作能力，应该在更早一些时间，也就是说，应该从大学一年级开始就要注重进行训练，最好在低年级就要把它训练好，这样到高年级时学生就可以较好地运用写作这个工具来完成学年论文等作业，从而提高这类作业的质量。所以，在低年级，结合各门基础课程的教学，有意识地训练学生的汉语写作能力就成为一项非常重要的措施了。

在各门课程的学习中，学生都需要运用文字来表达自己的思想，从而也都有练习写作的机会。各门课程的教师应当根据课程的性质，通过一定的作业形式，为学生提供这种练习的机会，并通过作业批改对学生的写作进行指导。例如，在平时作业中，有意识地布置一些需要用文字叙述或论证的作业，也可以在学完一定章节以后让学生写学习心得或学习小结，还可以在读完教师指定的参考书以后让学生写读书笔记或读书报告；通过实验报告、见习或实习报告等也可以培养和提高学生的写作能力。结合各门课程的教学来培养和提高学生的汉语写作能力，当然要给教师增加一些工作负担。因为教师在批改作业时不仅要注意学生的作业内容是否正确，还要注意用以表达作业内容的文字形式，检查作业是否文理通顺或有无错别字，这样从内容和形式两方面进行批改，就必然要增加教师用于批改作业的精力和时间。但是，如果没有教师的精心批改，即使学生有了练习的机会，其收效也是不大的。因此，我们要从教好学生出发，更好地带动学生培养和提高汉语写作能力。作为新中国的学生、教师，我想大家一定会乐于把这个责任担当起来的。为了不过重增加教师的负担，也为了不使学生课外作业负担过重，最好在系主任的领导下，由年级主任或班主任取得任课教师的同意，对本年级或本班的上述作业进行综合平衡，制订一个切实可行的作业计划，然后由各科教师分别按照计划执行。这样，既可以保证不使教师和学生的负担过重，又可以保证培养和提高学生写作能力的要求不至落空。

最后，通过课后活动加强学生写作练习。在我国高等学校中，系和班级两级都经常出刊墙报、黑板报。这是学生自由发表意见、交流思想的园地，这个园地对学生练习写作是有促进作用的。为了进一步发挥墙报、黑板报的这种作用，应推动加强组稿的工作，使写作的人更加普遍，把组稿作为写作练习的一种方式。同时加强对稿件的审查、修改，保证刊出的稿件做到文理通顺，没有错别字。此外，为广播站、校刊组织稿件，以及适当举办写作比赛、节日征文等活动都有助于加强学生的课外写作练习。

学生在学校中有时要写请假条、申请书、报告书或其他应用文。写这样的应用文也是一种练习。接受这些文件的老师、领导干部等要严格地要求学生把它写得通顺，没有错别字。对那些写得不通的，或者用词不当的，有错别字的，都要热情而认真地予以指导，要求他们重写或改正。

总之，培养和提高高等学校学生汉语写作能力应当作为提高教学质量的重要内容之一。为了使高等学校学生在汉语写作方面做到文理通顺，学校方面，特别是各门课程的教师，必须通力协作，有意识有计划地采取各种有效的措施。

第三篇　教育史研究

论孔子的“有教无类”

一

孔子是我国古代伟大的思想家和教育家，他生活在我国奴隶社会向封建社会过渡的春秋末期。孔子在政治上主张“祖述尧舜，宪章文武”“修成康之道，述周公之训”，偏向于复旧、保守。但在教育上，他却适应了时代的要求，提出了“有教无类”的主张，最后打破了垄断文化教育的奴隶主贵族的“类”，完成由“官学”到“私学”这一转变的历史任务。

为了正确评价孔子在教育方面的贡献，有必要研究一下孔子以前社会文化教育事业的概况。

春秋以前，西周中央设有职掌文化的王官，如太祝、太宗、太卜、太史等。他们是当时的思想家、宗教家和学者，掌握着文化典籍，“父子相传，以持王公”，形成所谓“学在官府”的制度。《礼记·曲礼》说：“宦学事师。”《说文》说：“仕，学也。”只有仕才能学，不仕则无从得学。所以在西周时代，只有奴隶主贵族的文化，而无庶民的文化，更不用说奴隶了。

但是，据《周礼》《礼记》诸书所言，西周时代，不仅天子有辟雍、诸侯有泮宫，而且州有序、党有庠、家有塾。所谓“家有塾”，毛奇龄《学校问》说：“考周制，五家为比，五比为闾，四闾为族。族者，五百家也。此名家塾，盖合五百家而统名为塾，既非一家所立，且更不立闾、族名目。”这种乡里学校的教师和教学情况，据《尚书大传》记载：“大夫，士七十而致士，老于乡里，大夫为父师，士为少师。耰锄已藏，祈乐（意为新谷）已入。岁时已毕，余子（即众子）皆入学。……距冬至四十五日，始出学传农事。”父师、少师就是塾师，这些塾师是年老退休而居乡里的大夫、士（此所谓“士”，是奴隶主中央的下级官吏，非后世“四民”中的“士”）。按《尚书大传》所记载，乡里学校乃是业余性质的冬学，学生农忙时从事农业生产，冬季农闲时上学学习。如上所述，西周时代，自天子之都以至乡曲里巷，似已普遍设立学校，教育对象不仅是“国子”和“国之贵游子弟”，而且包括从事农业生产的劳动人民子弟。果如所说，从西周时代起教育就不分贵庶，“有教无类”了，又何乎到春秋末期孔子才提出这个主张？

究竟西周时代学校教育的情况如何，我们从以下几点可考见其梗概：

第一，在金文《大盂鼎》《师嫠殷》《麦尊》《静殷》中有关于“小学”“辟雍”“学宫”的记载，说明西周时代确已有学校存在，但这种学校只是供王子及其近侍们习射、作乐舞的场所。

第二，《礼制·王制》说：“天子曰辟雍，诸侯曰泮宫。”但西周的辟雍、泮宫，并非专门的教育机构，除作为“国子”和“国之贵游子弟”的学习场所外，还是举行饮射之礼、议论政事乃至献俘庆功的场所。《礼记·乐记》：“食三老五更于大学。”《韩师说》：“辟雍者，天子之学，……所以教天下春射秋飨，事三老五更。”《礼记·王制》：“天子将出征，……受命于庙，受成于学。出征执有罪，反，释奠于学，以讯馘告。”关于诸侯的泮宫，《诗经·鲁颂·泮水》曾说：“鲁侯戾止，在泮饮酒。”“既作泮宫，淮夷攸服。矫矫虎臣，在泮献馘。淑问如皋陶，在泮献囚。”“蒸蒸皇皇，不吴不扬，不告于汹，在泮献功。”至于州序、党庠，更是举行乡射礼、乡饮酒礼之地。《周礼·地官司徒》：“州长……春秋以礼会民而射于州序。”“党正……以礼属民而饮酒于序。”（《疏》谓州、党学同名为序，乡则立庠。作者案，《三礼》无乡学之名，《学记》谓“党有庠”，《孟子》：“庠者，养也。”庠乃行乡饮酒礼以养老之地，故应作“饮酒于庠”）学校作为议论政事的场所，春秋时期，犹见其余绪。《左传·襄公三十一年》：“郑人游于乡校以论执政。然明谓子产曰：‘毁乡校，如何？’子产曰：‘何为？夫人朝夕退而游焉，以议执政之善否。其所善者，吾则行之。其所恶者，吾则改之。是吾师也。若之何毁之？’”可见在西周时代，学校对下一代进行教育的职能，还没有分化出来，也就是说，还没有独立意义上的学校。

第三，西周学校尚无专职的教师。拿师、保来说，《周礼·地官司徒》：“师氏掌以美诏王，以三德教国子，……居虎门之左，司王朝。掌国中、失之事，以教国子弟。凡国之贵游子弟学焉。凡祭祀、宾客、会同、丧纪、军旅，王举则从。听治亦如之。使其属率四夷之隶，各以其兵，服守王之门外，且跸。”“保氏掌谏王恶，而养国子以道。乃教之六艺，……凡祭祀、宾客、会同、丧纪、军旅，王举则从。听治亦如之。使其属守王闱。”师氏、保氏固然有“以三德教国子”和“养国子以道”“教之六艺”的教师职责，但这并不是他们的专职。看来，他们倒是国王的侍卫、谏官和顾问，又兼任着宫廷教师。至于《周礼》所说的州长之于州序，党正之于党庠，那就更看不出他们具有教师的职责了。

综上所述，可以看出：西周奴隶主贵族已有教育贵族子弟的学校

（如辟雍、泮宫），但是这种学校具有多种职能，既非专设的教育场所，也无专职的教师。它们还不是独立意义上的学校。奴隶主贵族的中央学校尚且如此，更何况如《尚书大传》所说，乡曲里巷已经遍设学校，教育及于劳动人民子弟，又如何可以置信？西周学校教育的这种状况，是与当时生产力的发展水平相适应的。已有资料证明，西周时代尚无铁器，也极少发现有青铜质的劳动工具。在这样的生产力水平下，不可能有很发达的学校教育。

西周学校的教育情况即如上述，那么，当时文化知识的保存和传递又依靠什么呢？当然辟雍、泮宫在这方面是起了一定作用的，但是主要还是那些奴隶主贵族中职掌文化的王官，他们垄断了文化知识，也保存和传递了文化知识。

历史进入春秋以后，由于生产力的发展（春秋时期已有铁器），生产关系发生了变化。奴隶主贵族逐渐衰落，新兴地主阶级逐渐抬头，奴隶逐渐获得解放。在“王室衰微”的情况下，有些原来职掌文化的王官，离开王室，散于四方。《左传·昭公十七年》：“秋，郯子来朝，……仲尼闻之，见于郯子而学之。既而告人曰：‘吾闻之，天子失官，学在四夷，犹信’。”“天子失官，学在四夷”这句话，看来是在孔子以前就已有了，孔子“见于郯子而学之”以后，他更加相信了这句话。可见在孔子以前，那些散于四方的王官们，已经在传播他们所掌握的文化知识了。学术已在逐渐下移，官学已开始向私学转化。

由于阶级分化，在春秋时期，出现了士的阶层，与农、工、商合称“四民”。那些散于四方的没落的王官贵族，可能就是第一批士。他们具有文化知识，有些为各诸侯的公室所蓄养或为新兴地主阶级暴发户服务，有些则不得不出卖知识，以糊其口。因此，学术下移，春秋初期的那种“士之子恒为士”的局面就逐渐打破了。在手工业者、商人乃至自由农民之间，也有一些人脱离生产，从师学习，跻身于士的行列。这样，士就成为一种职业，甚至到春秋末期，成为一种人所争求的职业。《韩非·外储说左上》说：“中章胥已仕，而中牟之民弃田圃而随文学者邑之半。”正是在这种人们争求为士的形势下，孔子提出了“有教无类”的主张，广收门徒，大办私学。

这样说来，孔子当然不是第一个从事私人讲学的人，也不是第一个把官学转变为私学的人。由官学转变为私学，是要有一个过程的。这个过程大概是从西周末年、春秋初期开始的。但是，应该承认，孔子是第一个大规模地并正式从事私人讲学的人。他创立了儒家学派，最后完成了由官学到私学这一发展转变的历史任务。私学之兴，使教师、教育工作专业化，使学校、教师从政教不分、官师合一的形式中分化出来，这在我国教育史上是一个巨大的转变。说孔子不是第一个从事私人讲学的人，这也丝毫不贬低孔子在教育史上的地位。孔子和他的门徒，对于中国古代文化的继承和传播，其功绩是不容抹杀的。

二

孔子提出了“有教无类”的主张，也在一定程度上实行了这个主张。根据史书记载，孔了有弟子三千人，其中“身通六艺者七十有二人”。（见《史记·孔子世家》，而《史记·仲尼弟子列传》则谓“受业身通者七十有七人”）在孔门弟子中，有少数贵族子弟，如司马牛、孟懿子、南宫敬叔。但大多数是庶民子弟，出身微贱的，如箪食瓢饮、身居陋巷的颜回，着芦衣、受冻挨饿的闵子骞，居穷闾、敝衣冠的原思，父为贱人的仲弓，衣若悬鹑的子夏，经商的子贡，乃至“子张，鲁之鄙家也；颜涿聚，梁父之大盗也”。这些人都成了孔门的弟子。诚如孔子自己说的：“自行束脩以上，吾未尝无诲焉。”这样不分贵贱地广收门徒，在当时的确是罕见的，无怪乎引起了南郭惠子的疑问和责难：“夫子之门，何其杂也?”

由于“四民”之兴和学术逐渐下移，垄断文化教育的奴隶主贵族的“类”，实际上在孔子以前就已逐渐被打破。孔子的祖先虽为宋国贵族，而孔子自己则说“吾少也贱”，可见其本人并不属于贵族的“类”。以非贵族之“类”的孔子掌握了原为贵族所垄断、所专有的学术文化，这就说明了在孔子以前，这个“类”就已逐渐在被打破。只是到了孔子手里，他更加大胆、公开地提出了“有教无类”的主张，给这个“类”以最后的冲击。

孔子之所以提出“有教无类”的主张，是有它的客观背景的。首先，如在前面所说的，它是奴隶制逐渐崩溃的结果，是阶级分化、人争为士的客观形势所要求的。其次，这与孔子本人的“吾少也贱”的地位是分不开的。孔子幼年贫贱，比较接近、同情庶民，所以在教育上主张“有教无类”。孔子的“有教无类”，也有它的思想基础。它和孔子“仁”的思想是密切联系的。也可以说，“仁”是“有教无类”的思想的或理论的基础。

“仁”是孔子思想的核心。《论语》一书记载孔子讲“仁”的地方很多，其中有一条是：“樊迟问仁。子曰：‘爱人。’”怎样才算“爱人”呢？根据孔子的思想，这有两个方面：一是“己欲立而立人，己欲达而达人”；一是“己所不欲，勿施于人”。前者就积极方面而言，后者就消极方面而言。总的来说，就是以己度人，推己及人。“有教无类”正是从“爱人”这一思想出发的。自己要成为有知识的人，也希望别人成为有知识的人；自己好学，也希望别人好学。在孔子的教育实践中，他不仅是“自行束脩以上，吾未尝无诲焉”，而且是“诲人不倦”，甚至“有鄙夫问于我”，他也是耐心地“叩其两端而竭焉”。这正是“爱人”思想的表现。一个教师如果没有对教育事业的爱，没有对受教育者的爱，要做到“诲人不倦”，的确是不容易的。《孟子》中载有孔子和子贡的一段对话：“昔者子贡问于孔子曰：‘夫子圣矣乎？’孔子曰‘圣则吾不能，我学不厌而教不倦也。’子贡曰：‘学不厌，智也；教不倦，仁也。仁且智，夫人既圣矣！’”这更明确地指出，“教不倦”就是“仁”。

孔子基于“爱人”的思想，把自己的知识、本领毫无保留地传授给学生。他对学生说：“吾无隐乎尔。”事实的确如此。《论语》中有这样一段记载：

陈亢问于伯鱼曰：“子亦有异闻乎？”对曰：“未也。尝独立，鲤趋而过庭。曰：“学诗乎？”对曰：“未也。”“不学诗，无以言。”鲤退而学诗。他日，又独立，鲤趋而过庭。曰：“学礼乎？”对曰：“未也。”“不学礼，无以立。”鲤退而学礼。闻斯二者。’陈亢退而喜曰：‘问一得三，闻诗，闻礼，又闻君子之远其子也。’”

这段记载很有意思。伯鱼（鲤）是孔子的儿子，也是孔子的学生。陈亢以为孔子对自己的儿子总要加以特别的教导，总要传授给他一些不同于教给别人的学问，所以探问伯鱼从孔子那里学到了什么特别的东西。当伯鱼告诉他以后，他才知道孔子教自己的儿子也和教别的学生一样，这使陈亢非常满意。可见孔子对学生（包括他自己的儿子在内）是一视同仁的，无隐匿，无私心。这些都足以说明，在孔子的教育实践中是贯串了这个“仁”字的。有了“仁”“爱人”的基本思想，“有教无类”主张的提出就不是偶然的了。

三

孔子关于人性的思想是他的“有教无类”的又一个理论根据。《论语》中关于孔子言行的记载有：

子曰："性相近也，习相远也。"

子曰："唯上智与下愚不移。"

孔子曰："生而知之者，上也；学而知之者，次也；困而学之，又其次也；困而不学，民斯为下矣。"

"性相近也，习相远也"，这是孔子关于人性的基本命题。所谓"性相近也"，是从先天角度说的，人从先天遗传得来的心理特性是彼此相近的。所谓"习相远也"，是从后天角度说的，人由于后天的环境和教育影响的不同而彼此相远，即发生很大的差异。这个"习"字，可以解为习染、学习。就环境说是习染，就教育说是学习。孔子在重视教育作用的同时，也不忽视环境的影响。他说："里仁为美，择不处仁，焉得知？"孔子的这个思想，在后来的儒家中，如孟子、荀子都是注意到的。荀子说："故君子居必择乡，游必就士。"孟子更有生动形象的说明："有楚大夫于此，欲其子之齐语也，……一齐人传之，众楚人咻之，虽日挞而求其齐也，不可得矣。引而置之庄岳之间数年，虽日挞而求其楚，亦不可得矣。"当然，孔子是更重视教育、重视学习的。正因为"性相近也"，所以人人都有学习的可能性。正因为"习相远也"，所以重视教育的作用，强调"学而知之"和"困而学之"。这就是孔子的"有教无类"的心理学根据。

在孔子关于人性的思想中，也存在着唯心主义的因素。他说"上智""不移"，人有"生而知之者"，这就是唯心主义的见解。如果"上智"是指天才，是指人具有某种优越的先天禀赋，那么"上智"是有的。但是，根据现代心理科学知识，先天禀赋只是发展的前提。任何优越的先天禀赋，没有适当的环境和教育，没有自己坚持不懈的努力，是不可能获得发展的。说“上智不移”，显然是错误的。至于“生而知之者”，那是从来没有，也根本不可能有的。孔子虽然这样说，但他毕竟没有说谁是“生而知之者”。即使他所最为崇拜的尧、舜、文、武、周公，根据《论语》记载，他也从来没有把他们中的任何人认为是“生而知之者”。至于他自己，他更说得明白：“我非生而知之者，好古敏以求之者也。”所以，在实际上，孔子无论是对己还是对人都强调一个“学”字，只有“学”才能“知”。孔子自己就是一个好学的典范。《论语》记载：“子入太庙，每事问。”“子在齐闻韶，三月不知肉味。”“夫子焉不学，而亦何常师之有？”《史记·孔子世家》说，孔子“读易，韦编三绝”。他自己也说，他“学而不厌”“十室之邑，必有忠信如丘者焉，不如丘之好学也”。对于学生，他总是教育他们刻苦好学。他说：“君子食无求饱，居无求安，敏于事而慎于言，就有道而正焉，可谓好学也已。”“士志于道而耻恶衣恶食者，未足与议也。”他对颜回的好学，赞不绝口。冉求在学习上有畏难情绪，对孔子说：“非不说（悦）子之道，力不足也。”孔子劝勉他：“力不足者，中道而废，今女（汝）画。”（“画，止也。力不足者，当中道而废，今女自止耳，非力极。”）而对宰予昼寝，则给以严厉的批评：“朽木不可雕也，粪土之墙不可圬也。”

孔子说的“困而学之”，是对智力较差的人说的。朱熹《论语集注》：“困谓有所不通。”刘宝楠《论语正义》：“不通者，心有所隔塞也。”所谓“不通”“隔塞”，皆就心智而言。孔子认为，这种人虽然智力差一点，但只要勤奋学习，同样是可以学得好的。孔子曰：“人一能之已百之，人十能之已千之。果能此道矣。虽愚必明，虽柔必强。”又说：“或生而知之，或学而知之，或困而知之。及其知之，一也。”可见孔子认为人的智力虽有高低，只要好学不怠，“及其知之”则一。这是孔子教育思想的可贵之处。孔子之所以主张“有教无类”，之所以

“诲人不倦”，不正是体现了他对人的“可塑性”和主观能动作用的高度估价吗?!

关于“下愚不移”，人们往往把它同“困而不学，民斯为下矣”联系起来，把两个“下”字等同起来，认为孔子把劳动人民视为“下愚”而不可改变，没有学的资格。这种看法，我认为是值得商榷的。第一，这种看法跟孔子的其他有关言论不符。孔子主张“教民”，他说：“既富矣……教之。”“举善而教不能，则劝。”“善人教民七年，亦可以即戎矣。”“以不教民战，是谓弃之。”孔子还说过：“君子笃于亲，则民兴于仁。”民能兴仁，怎能说是“下愚不移”？第二，这种看法跟孔子的教育实践不符。在孔门弟子中，也有些人是出身于贫贱的庶民阶层的，这在前面已经说过了。第三，应该承认，“下愚”的人，实际上是有的。古代有，现代也有。现代医学和心理学告诉我们，精神发育不全，是少年儿童中常见的疾病，严重的叫“白痴”，其次叫“痴愚”，较轻的是“鲁钝”。严重的患者到了七八岁甚至十几岁，仍旧像婴孩一样幼稚无知。对于这种有严重心理缺陷的人，特别是“白痴”，教育的确是无能为力的。在这个意义上说，“下愚不移”应该说是正确的。第四，“困而不学，民斯为下矣”，这个“下”字，不能把它跟“下愚”等同起来。如果是“下愚”，按照孔子的说法，是“不移”的，那就根本说不上“学”或“不学”的问题了。“不学”跟“不能学”“不应学”乃至“没有资格学”，应该加以区别，不能混同。为了弄清这个问题，有必要研究一下孔子对人的智力高低究竟是怎样分等的。

《论语》中关于孔子言行的记载，除上面所引《阳货》《季氏》两篇中的三章以外，孔子还说过：“中人以上，可以语上也；中人以下，不可以语上也。”这主要是说因材施教，意思是说，对“中人以上”的，可以讲得多些深些；对“中人以下”的，则不能讲得多些深些。但这里也说到了人的智力高低问题。综合上述各篇所言，可以看出，就智力分等来说，孔子认为，人除了“上智与下愚”以外，都是“中人”；而“中人”又有上、下之别，即所谓“中人以上”和“中人以下”。这样，就可以发现，原来孔子是把人的智力高低分为四等的：“上智”“中人以上”“中人以下”“下愚”。“上智”是指“生而知之者”。刘宝楠《论语正义》：“生知者，不待学而能知也。”不待学而能知，所以孔子说“不移”。这当然是孔子的幻想，或者说是他虚悬一格。“中人以上”是指“学而知之”的一类，这类人是智力较高的。“中人以下”即指“心有所隔塞”的“困”那一类，这类人智力较差，但仍可学。在这一类中，又根据学或不学的标准，分为两小类：一是“困而学之”，一是“困而不学”。当然这不关智力高低问题。再就是“下愚”，这类人有着严重的心理缺陷，是无法学习的，所以也“不移”。这样说来，“生而知之”的“上智”是不存在的，“下愚”是不移的，因此可以认为，孔子说的“性相近也”，就是针对“中人以上”和“中人以下”这两类人说的。的确，除“下愚”以外，所有的人，就智力来说，都可以包括在这两类人之中。这两类人的智力虽有高低的差别，但毕竟是相近的，因而都有学的可能。而且，根据孔子的意思，这两类人的聪明才智，通过学是可以改变的（因为他说“唯上智与下愚不移”），所以他说“虽愚必明”（这个“愚”不同于“下愚”），“及其知之，一也”。如果上述分析可以成立的话，那么，“困而不学，民斯为下矣”这句话所说的人，就应该归到“中人以下”的“困”那一类，而不应该归到“下愚”一类。而且，这里的“民斯为下矣”的“民”，应该理解为“人”的通称（王筠《说文句读》“民”字条下有云：“案民亦人之通称。诗曰：‘厥初生民’，谓始祖也。”），意思是说，“困而不学”这样的人实在是差劲的。

“生而知之者，上也；学而知之者，次也；困而学之，又其次也。困而不学，民斯为下矣。”孔子在这里说的“上”“次”“又次”“下”

几个等第，是就“学”和智力高低两方面的统一来说的，而其重点是在“学”。因为除了“生而知之”这一不存在的幻想之外，人要获得“知”，就必须通过“学”。“下愚”生而不能学，所以孔子在这里没有提及。在“学”者中，由于智力有高低，因而有“次”和“又次”之分。只有“困而不学”的人，孔子才视之为“下”。从这里可以看出，孔子强调“性相近”，强调一个“学”字，这正是“有教无类”这一主张的思想基础。

四

孔子“有教无类”，打破贵庶界限收录学生，是不是说孔子的教育就没有阶级性呢？教育为一定的阶级服务，这是教育的本质问题。在阶级社会中，任何教育都是有阶级性的。孔子的教育也不例外。

孔子诚然是不分贵贱，凡“自行束脩以上”，无不收为门徒的。他最后打破了垄断文化教育的奴隶主贵族的“类”，大大地扩大了受教育者的面，使一些来自人民中间的人受到了教育，表现了他的创新精神。这无疑是孔子在教育事业方面的伟大功绩。但是，我们也应该看到，在孔门弟子中，虽有一些人出身微贱，但这在广大的被统治的劳动人民中毕竟是极少数。这些极少数的人，是从劳动人民中间分化出来的。他们的经济地位，毕竟跟一般劳动人民，特别是奴隶阶级，有所不同。他们有条件可以“四体不勤，五谷不分”，不事生产，致力于学。他们之中，有些人看来非常贫穷，例如《雍也》篇记载孔子称赞颜回：“贤哉回也！一箪食，一瓢饮，在陋巷，人不堪其忧，回也不改其乐。贤哉回也！”颜回的这种贫贱不移、刻苦好学的精神，的确是值得称赞的。然而，尽管如此，他毕竟还能“自行束脩以上”拜孔子为师，毕竟还能不事生产而有“一箪食，一瓢饮”。至于广大劳动人民，在当时横征暴敛、“苛政猛于虎”的残酷剥削和压迫之下，根本就没有受教育的机会，更不用说连人身自由都没有的奴隶了。

更重要的，我们还要看孔子究竟把他的学生培养成为什么样的人？这在《论语》一书中是可以清楚地看出来的。现在且引几章如下：

子曰：“君子谋道不谋食，耕也，馁在其中矣；学也，禄在其中矣。”

子曰：“诵诗三百，授之以政，不达；使于四方，不能专对；虽多，亦奚以为？”

子曰：“出则事公卿，入则事父兄，……”

子贡问曰：“何如斯可谓之士矣？”子曰：“行已有耻，使于四方，不辱君命，可谓士矣。”曰：“敢问其次。”曰：“宗族称孝焉，乡党称弟焉。”曰：“敢问其次。”曰：“言必信，行必果，硁硁然小人哉，抑亦可以为次矣。”

很显然，孔子的教育目的，主要是培养学生从政为官；即使做不成官，也得以孝悌闻于宗族乡党，成为“乡绅”一类的人物。这也就是所谓“用之则行，舍之则藏”。所以，孔子往往称许学生“雍也可使南面”；“由也，千乘之国，可使治其赋也”；“求也，千室之邑、百乘之家，可使为之宰也”；“赤也，束带立于朝，可使与宾客言也”。甚至孔子于“在陈绝粮”之际，还跟颜回开玩笑说：“使尔多财，吾为尔宰。”当然，孔子要培养的是行仁政的官，而不是横征暴敛、虐民、贼民的官。他教育学生“道千乘之国，敬事而信，节用而爱人，使民以时”；“道之以德，齐之以礼”；“既庶矣”，“富之”；“既富矣”，“教之”；“因民之所利而利之”；等等。培养行仁政的官，在客观上当然也有利于人民，但毕竟是培养统治人民的人，是为巩固剥削阶级的统治服务的。

为了培养学生从政为官，孔子以诗、书、礼、乐教弟子。诗、书、礼、乐，是“出则事公卿”“使于四方，不辱君命”和以孝悌称于乡里的士、君子所必备的学问。而诗与礼尤为重要，“不学诗，无以言”，“不学礼，无以立”。所谓“四教”（文、行、忠、信）、“四科”（德行、言语、政事、文学），也还是不出诗、书、礼、乐的范围，对品德学问所作的分类，仍然是服务于“用”则为官、“舍”则以孝悌闻于乡里这一目的的。

《论语》一书关于孔门弟子向孔子请问和孔子回答的记载，粗略统计约有五十五章（在全书四百九十二章中约占百分之十一），其中有关从政的问答十三章，问仁十章，问士、君子、成人、善人十章。其余的，除樊迟请学稼、圃一章以外，也都是关于道德、学问的问答。从这些问答的性质，可以看出孔门师生所关心的问题及其所教所学的中心内容是些什么。孔子对于学生所提的问题，一般都是有问必答，而且本着因材施教的原则，对同一问题作不同的解答，真正做到了“诲人不倦”。唯独对樊迟请学稼、圃的问题，孔子却不予解答，只说“吾不如老农”“吾不如老圃”。孔子不知稼、圃，在稼、圃问题上，他不如老农、老圃，这大概是事实。本着“知之为知之，不知为不知”的精神，对自己不懂的问题不妄作解答，这倒也是实事求是的态度。

从“疑思问”谈起——与车载同志商榷

一

《论语·季氏》篇有这样一章：

孔子曰：“君子有九思：视思明，听思聪，色思温，貌思恭，言思忠，事思敬，疑思问，忿思难，见得思义。”

这一章书，照我理解是孔子对君子提出的九点要求，或者说是君子应该具备的条件。“疑思问”是这些要求或条件之一。从全文看，“疑思问”的“思”字也跟“视思明”“听思聪”……中的“思”字一样，似应解作“愿”“想到”“要求”等意。“疑思问”意思是说，有所疑就要求问个明白。在孔子看来，疑而不求问，便非君子。在《论语》中，“思”字的这种用法很多。如“见利思义”“祭思敬，丧思哀”“见贤思齐焉”等都是。

车载同志在《论孔子的“学而不厌”》一文中讲到《论语》中有三

段关于问的记载（作者注：其实，除车载同志引的三段以外，《论语》中关于问的记载还有“不耻下问”“切问而近思”。其中一段就是节引上述《九思》一章中的“疑思问”。车载同志说：“孔子提出‘疑思问’，是一句平常的话，又是一句深刻的话，有所疑，然后才能思，进而才能有所问，疑、思、问，表现了三个不同阶段，遇事不知疑，疑而不能思，思而不善问的人，比比皆是，足见‘疑思问’不是一句简单的话了。”①单把“疑思问”三个字从整章书中抽出来，而不联系它的上下文，这样解释，倒也讲得通，似乎孔子在这里讲的确是从“疑”到“思”到“问”这样“三个不同阶段”。但是，我们把“疑思问”放在整章中来讲（也应该如此），上述解释，就难以讲得通了。如果按照车载同志的说法，“疑思问”是三个平列的词，表现了三个不同阶段，那么，我们又怎样来解释其余的八“思”呢？当然，这是不行的。关于这一点，看来，车载同志是了解的。所以，他在引用《论语》中三段关于问的记载的时候，前两段引的都是全章的原文，而独在第三段，采用删头去尾的办法，只从《九思》一章中摘引了“疑思问”一句。我想，如果和前两段一样，也把全文引出来，车载同志就不会作出那样的解释了。

二

车载同志在他那篇文章中曾经引用《论语》中的两章书，来论证孔子的“然而识之”的意义之所在。引用的原文如下：

子曰：“盖有不知而作之者，我无是也。多闻，择其善而从之，多见而识之，知之次也。”

① 车载.论孔子的“学而不厌”[J].学术月刊,1962(9):39.

子曰：“赐也，女以予为多学而识之者与！”对曰：“然，非与？”曰：“非也，予一以贯之。”

车载同志对这两章引文作了这样的阐释：“孔子把有目的的进行学习，看作是主要的一方面，叫做‘一以贯之’，同时又认为随时随地都是学的事情，这是学习的又一重要方面，他称之为‘知之次也’，前者就‘学而不厌’说，后者就‘默而识之’说。”①

我对于车载同志对前一章引文的解释是同意的。但对后一章引文则有不同的看法。在《卫灵公》篇中记载的孔子和子贡的这段对话，根据我的理解，其中心意思是说，孔子告诉子贡，他之所以能够判断和处理各种问题，并不是由于“多学而识之”（学习各种具体事物的知识而把它们一一记住），而是由于掌握了有关客观事物的规律性的原理原则，并用以解决各种各样的具体问题。当然，这是用现代语言来解释的，未必符合孔子原意。这个“一以贯之”的“一”究竟指的是什么，在《论语》一书中，孔子没有明说。不过，在《里仁》篇中倒有如下一段记载：

子曰：“参乎！吾道一以贯之。”曾子曰：“唯。”子出，门人问曰：“何谓也？”曾子曰：“夫子之道，忠恕而已矣。”

曾子是孔子的高足，他对“一以贯之”的理解可以相信是符合孔子原意的。如以“忠恕”二字来解释《卫灵公》篇中的“予一以贯之”的“一”，也是可通的。因为“忠恕”是孔子处理人的关系问题的基本原理，而在当时，孔子的注意力是集中在人的关系问题之上的，故樊迟“问知。子曰：‘知人。’”。也诚如车载同志说的：“《论语》全书，处

① 车载.论孔子的“学而不厌”[J].学术月刊,1962(9):35.

处在谈人伦日用的道理，只有几处谈到自然界事物的情况，依旧是和人伦日用的道理分不开。”[①]因此，孔子所说的“予一以贯之”也就是根据“忠恕”这个“人伦日用的道理”来观察和处理错综复杂的人的关系中的一切具体问题。这样说来，车载同志把“一以贯之”解释为“有目的的进行学习”，那就显然不是孔子的原意了。

车载同志在这里倒给我们提出了一个很有意思的问题：既然“多闻，择其善者而从之，多见而识之”是“知之次也”，那么，知的主要方面究竟是什么？这个问题，当然孔子没有明说。车载同志引用《卫灵公》篇中的“予一以贯之”，本来就是要用来回答这个问题的。不过，如上所述，那是不符合孔子原意的。我看，《论语·述而》篇中有一段记载，或许能回答这个问题。这段记载是：

子曰：“我非生而知之者，好古敏以求之者也。”

“好古敏以求之”，用通俗的话说，就是发愤读书。书（在当时是简策）是记载前人经验总结的，要承受前人积累的知识经验，就必须发愤读书。《中庸》第二十章记载孔子说过：“文武之政，布在方策。”可以想见，“仲尼祖述尧舜，宪章文武”正是他发愤读书的结果。所以，我姑妄言之，孔子之意，“好古敏以求之”才是知之主也。

如果我们不拘泥于“好古”二字，而把“好古敏以求之”理解为发愤读书，学习前人积累的一切真正的科学知识，那么，就是在今天，这仍然是求得知识的主要途径。特别是对各级学校中的学生来说更是如此。当然，在生活实践中，多闻、多见也是获得知识的重要途径。忽视这个途径是不对的。但是，它比之发愤读书，通过读书掌握传统的文化科学知识，那就是“知之次也”了。因为通过多闻、多见所获得的知识

① 车载.论孔子的“学而不厌”[J].学术月刊,1962(9):35.

毕竟是缺乏系统性的，而且多半还是属于感性认知的东西，往往知其然而不知其所以然。这个主次之分，我想，在今天还是适用的。

三

车载同志在文章中论及孔子“从正反两面来谈思”，其意是在证明孔子的思想中包含着辩证思想的因素。这一点，我是同意的。而且就在刊登车载文章同期的本刊上，吴泽同志在《论孔子的中庸思想》一文中就有很好的论证。这里且不赘述。问题在于车载同志引用的例证中，除“我叩其两端而竭焉”一例外，其余似都不很恰当。车载同志引用的例证如下：

季文子三思而后行。子闻之，曰：“再，斯可矣。”

不愤不启，不悱不发，举一隅而不以三隅反，则不复也。

子与人歌而善，必使反之，而后和之。

君子成人之美，不成人之恶，小人反是。

车载同志把“再，斯可矣”中的“再”字，和“我叩其两端而竭焉”中的“两端”一词看作具有同一意义的概念，“都是指正与反两方面的关系说”；把后三例看作孔子谈“反”的根据。对车载同志的这种说法，我不敢苟同。

“再”字通常解作“两次”，这在先秦著作中是屡见不鲜的。如《左传》，庄公十年，记曹刿论战有“一鼓作气，再而衰，三而竭”；僖公五年，记宫之奇谏假道有“一之已甚，其可再乎？”。这两个“再”字都是“两次”的意思。《公冶长》篇中的“再，斯可矣”的“再”字也只能理解为“两次”，而不能理解为“两端”。从所引全文看，意思是非常明白的。因为孔子认为“季文子三思而后行”是过虑了，所以说“再”思就可以了。郑玄注说：“文子忠而有贤行，其举事寡过，不必及三思。”这是符合孔子原意的。奇怪的是，车载同志既已把“再”字理解为“两端”，而在他自己这一段文章的末尾好像又把它理解为“两次”。他说：“再思可，三思可，三思以上也可。”这显然是指次数而言的。这是什么道理呢？难道是车载同志自相矛盾吗？我细读车文的这一段，恍然大悟。原来车载同志把“两次”和“两端”当作同一回事。可能车载同志是这样设想的：“两次”思考问题，一次从正面考虑，一次从反面考虑。这样就把“两次”和“两端”同一起来。这能不能解说得通呢？我看是不能的。这不仅不符合孔子的原意，也不符合人们思考问题的实际情况。就孔子原意说，孔子的“再，斯可矣”是针对“其举事寡过”的季文子这个具体对象说的，是针对季文子的“三思”说的，这里并不存在“两端”的问题。就人们思考问题的实际说，难道“一次”就不能从正反两方面考虑问题吗？“两次”就能保证一定是从正反两方面考虑问题的吗？如果说“再”思是从正反“两端”考虑问题，那么，“三思”又该怎样解释呢？所以，“再”是一回事，“两端”又是一回事，不能混同。

关于孔子谈反的问题，车载同志所引三例都不足为据。这些例子至多只能说明“反”字在词义上的几种用法，而不能证明孔子对“正反两面”的“反”的哲学见解。车载同志说：《论语》有三处谈反（即上举三例）。其实，如果文中有一个“反”字就是谈反，那又何止三处？例如，“吾自卫反鲁”“使子路反见之”“邦君为两君之好，有反坫，管氏亦有反坫”，大至如孔子引用的逸诗“唐棣之华，偏其反而”等都是。所有这些例子，连同车载同志所举例在内，都只是在文中用了“反”字，而不是孔子谈反。这跟《老子》的“反者道之动”，是完全不同的。尽管车载同志说：“孟子谈反，老子谈反，孔子也谈反，重点各有不同。"[①]但是，车载同志除了对所举三例中的"反"字作了词义上的解释以外，什么结论也没有得出。并没有通过所举三例告诉我们孔子谈反的重点究竟是什么，他跟孟子、老子所谈的究竟有什么不同。这也难怪，从车载同志所举三例中，任何人也不可能找出孔子关于"反"的哲学见解。

上述意见，很不成熟，错误在所难免。受孔子"疑思问"之旨，不揣浅陋，提出来与车载同志商榷，并就正于其他的同志们。

① 车载.论孔子的"学而不厌"[J].学术月刊,1962(9):39.

我国古代伟大的教育家——孔子

大家都知道，我国古代有一个孔子，他是儒家学派的开山祖师。在两千多年的封建社会中，封建统治阶级一直利用他和他的学说作为统治人民的工具。封建统治阶级把他神化，称他为“圣人”，把他当作通天教主。这种影响在辛亥革命以后还依然存在。我记得小时候在私塾念书就曾给孔子烧过香、磕过头。之所以要利用孔子和他的学说作为统治的工具，这当然是因为他的学说基本上是符合封建统治阶级的利益的。对于孔子的评价问题，我国历史学者的看法很不一致。有人认为他是当时的革命派，有人认为他是当时的改良派，甚至还有人认为他是当时的反动派。不过，不管怎样，孔子的思想中是有进步的一面的，特别是在教育方面，他给我们留下了光辉的遗产。无论在中国教育史上，还是在世界教育史上，在他的前代人中间固不必说，就是在他同时代的人中间，也没有任何人，在教育实践和教育理论上有他这样辉煌的贡献。他是我国古代伟大的教育家。

孔子，名丘，字仲尼，生于春秋时鲁国昌平乡陬邑。他生于公元前551年，死于元前479年，享年73岁。他去世的时间离现在有2441年（编者注：此文写于1962年）。他的祖先曾经是贵族，不过到他时已经是“贫且贱”了。年轻时，做过“宋田”（管牛羊的官）和“委吏”（管理粮仓的小官）。51岁时，做了鲁国的中都宰（相当于首都的市长），后由中都宰升为司空（相当于管工程建设的市长）、司寇（相当于司法部部长），56岁时还做了三个月的鲁国宰相。这一段时间算是他在政治活动上最得意的一个时期。之后离开鲁国，两马一车，周游列国。仆仆风尘13年，终不得志。68岁时回到鲁国，专门著书立说，讲学传道，直到死。孔子一生的主要活动是从事教育工作。他从20多岁起就做教师，收受门徒，讲学传道。就是在他从政和周游列国期间也是带着学生一起的。据说，他的学生前后有三千人之多，有成就的有七十二人。这些学生多数是鲁国人，也有从齐、秦、晋、郑、卫、宋、陈、楚、吴等国来的。这就是说，他的学生来自现在的山东、陕西、山西、河北、河南、湖北、安徽、江苏各地。在他的学生中，当然主要是统治阶级的子弟（奴隶主和新兴地主阶级的子弟），但也有一些来自所谓“贱人”家庭的学生。孔子曾说：“自行束脩以上，君未尝无诲焉。”（只要拿一束干肉（十条）来做礼物的，我没有不教他的。）就现在说，一个教师一生教三千个学生，并不是怎么稀罕的事。可是在那个时代，一个人有学生三千，而且遍及于当时中国的大部分地区，是了不得的事情。特别可贵的是，孔子是第一个把少数贵族所垄断的文化教育向民间传播的人。因为在孔子以前皆为“学在官府”，一切有关文化的典册都藏在官府，为少数贵族所垄断。自孔子开私学之风，文化、学术就开始传播开来。

孔子很重视教育的作用。他认为“性相近也，习相远也”。“性”指先天，“习”指后天（环境、教育的影响）。人从先天得来的禀赋是相近的，只是由于后天的影响才有差异。他虽然也把人的聪明才智分为“生而知之”“学而知之”和“困而知之”三类，但认为只要肯努力学习，“及其知之，一也”。他自己就说过：“我非生而知之者，好古敏以求之者也。”实际上，“生而知之”的人是没有的。说人有“生而知之”的，当然是不科学的。

正是由于孔子认为人都是可教的，所以他抱着“有教无类”的态度。无论贵贱智愚，只要备了一束干肉作为礼物，他都收为门下弟子。这种精神是非常可贵的。这样，在孔门中，有各种各样的人（子路——流氓、颜涿——大盗）。《荀子》书上载有这样一回事：有一个人问孔子的学生子贡：“夫子之门，为什么这样杂？”子贡说：“夫子正己教人，想来的不拒绝，想去的不阻止。正像良医之门多病人，隐括之侧多枉术。”的确，孔子对于来向他求学的人是来者不拒的。当然，在阶级社会中，“有教无类”是有限制的。备不起一束干肉，求“一箪食一瓢饮”而不可得的人毕竟不能受教育。

从教育目的来说，孔子要把学生培养成什么样的人呢？孔子要培养的是“君子”，是“士”。所谓“君子”“士”，就是有道德、有学问的统治人才，也就是说培养做官的人。由于他的教育目的是培养统治人才，因而他轻视生产劳动。樊迟请学稼（种田），他说“吾不如老农”；请学圃（种菜），他说“吾不如老圃”。他不懂种田种菜当然是事实。但他认为这种劳动是读书人所不必去学也不屑去学的。

孔子在教育方法方面总结了不少宝贵的经验。

孔子教育学生：“学而时习之。”对学得的知识要经常进行复习和练习，否则就会遗忘。这是一条学习的规律。两千多年前，孔子就揭示出这个规律，这是非常可贵的。复习不仅在于巩固，而且在于加深理解，得到新的体会。所以，孔子又说：“温故而知新，可以为师矣。”“温故而知新”，可以为师；“温故”而不“知新”，当然就不可以为师。这是值得我们深思的。“温故”而不“知新”，充其量只不过是记住了一堆死知识，不过是记问之学，自己并无心得，并无创见，当然不足以为人师。“温故而知新”则是从温习已有的知识中得到新的体会、新的见解。能够运用已有的知识来说明新的现象，解决新的问题，这是创造性的学习。有自己的心得和创见，所以可以为人师。

“温故而知新”，这里面的关键问题是思考。单纯地记诵而不深入思考，是不可能“知新”的。因而，在学习上就有一个“学”与“思”的问题。“学”是学习知识，是读书；“思”是思考，是想问题。对这个问题，孔子认为，“学”是基本的。他说“吾尝终日不食，终夜不寝，以思，无益，不如学也”。但“学”要与“思”相结合。他说“学而不思则罔（无所心得），思而不学则殆（精神疲惫）”。

在学习上，孔子教育学生要虚心、踏实。他说，“知之为知之，不知为不知”；他教人“多闻阙疑”“多见阙殆”。这就是说，对那些可疑的、靠不住的东西不要乱说乱用（为考）。看来，孔子倒很有实事求是的精神。他自己的学习态度，是“四不”：不任意（毋意），不武断（毋必），不固执（毋固），不自以为是（毋我）。而是虚心向别人学习。他说：“三人行，必有我师焉，择其善者而从之，其不善者而改之。”“见贤思齐焉，见不贤而内自省也。”这种虚心向人学习的精神，的确是值得我们学习的。

在学习上，孔子还主张刻苦好学、坚持不懈。他教育学生要“食无求饱、居无求安”，刻苦学习。他说，一个人立志学习，而又以“恶衣恶食”为耻，这种人实在是没有什么可教的。至于资质差一些，那倒并不要紧。他说“人一能之已百之，人十能之已千之”，果能这样，“虽愚必明”。为学要坚持不懈，他说好比堆土成山，那怕是差一筐土，停止下来，也还是没有成功。

孔子自己就是一个刻苦好学的人。他在齐国学习音乐，专心致志，“三月不知肉味”；他读写“韦编三绝”。诚如他自己说的，他“发愤忘食，乐以忘忧，不知老之将至”。可以说，他是一个“学而不厌”，活到老学到老的人。

孔子对自己是“学而不厌”，对学生是“诲人不倦”。在教学上，他经常运用启发的方法。他最善于利用适当时机向学生提出问题，进行启发、诱导。他常常指出问题的一面，让学生自己思考，由此推知问题的全面，即所谓“举一反三”。他也常用这样的方法，就问题的正反两面追问学生，最后使学生得到明确的结论，由此启发学生学习的门径。他的学生颜回说孔子的教法是“循循然善诱人”（循序渐进，善于诱导），由博而约，使人“欲罢不能”。

孔子在教学上特别注重因材施教。他说：“中人以上，可以语上也；中人以下，不可以语上也。”这就是说，教学要看对象，要考虑学生的水平和接受能力。中等水平以上的，可以讲得高深一些；中等水平以下的，就不能讲得高深。孔子对学生的个性情况非常了解，因而能针对学生的特点进行教育。同一个问题，对不同的学生常常是不同的回答。举一个例子，有一次，子路问孔子：“听到人家好的主张，是否马上就要实行？”孔子说：“有父兄在，怎么可以马上就实行？”另一个学生冉有也向孔子问了同样的问题，孔子却回答说：“应该马上实行。”公西华听到孔子对同样的问题而有不同的回答，感到很奇怪，就问孔子。孔子说：“冉有遇事畏缩，所以鼓励他勇敢；子路遇事轻率，所以要教他谨慎。”针对学生特点，因材施教，在中外教育史上都很难找到像孔子这样出色的教育家。

孔子的“诲人不倦”还表现在他把自己的知识本领毫无保留地教给学生。有的学生怀疑孔子有保留，孔子说：“我毫无保留，我没有什么东西是不教给你们的。”孔子有个学生叫陈亢，他有一天问孔子的儿子伯鱼（孔鲤）：“你从夫子那里听到什么特别的东西吗？”伯鱼说：“没有。我父亲有一天一个人站在那里，我走上前去，他问我学诗没有？我说没有。他说不学诗不能有美好的言辞。我回来就学诗。又有一天，他又一个人站在那里，我走上前去，他问我学礼没有？我说没有。他说不学礼不能很好地立身处世。我回来就学礼。他就告诉我这两件事。”陈亢听到了很高兴，说他“问一得三”：知道学诗、学礼的重要，又知道孔子教他的儿子也和教别人一样。可见孔子对学生是一视同仁的，无隐匿、无私心。

最后谈一谈孔子跟他的学生之间的关系。孔子和学生的关系，亲如父子手足。无论是从政期间或者是周游列国，学生都跟着他。周游列国期间，遇到几次危难（匡人围困，宋国司马桓魋要谋杀孔子，在陈绝粮）。学生们和他患难与共，护卫着老师。他给学生讲学，也经常跟学生谈心。他曾给学生讲过：不要因为我比你们年长，你们说话就受拘束。有时，他和学生在一起，问问这个学生有什么志愿，那个学生有什么志愿。学生也问他有什么志愿。彼此之间既是师生，又是朋友。但他对学生的要求却很严格，学生有不对的地方他就批评，有时批评得还很严厉。例如，宰予白天睡觉，孔子说他“朽木不可雕也，粪土之墙不可圬也”。他也愿意学生给他提意见。他并不要求学生完全同意他的主张和见解。他说“当仁不让于师”。颜回是孔子最得意、最有成就的学生，孔子说他都好，就是有一点不满意。孔子说：“颜回不是帮助我的，因为他对我的话都接受。”孔子对颜回非常器重。有一次，他问子贡：“你和颜回比，哪个好些？”子贡说：“我怎么可以比得上颜回。颜回闻一以知十，我只能闻一以知二。”孔子说：“是呀！我和你都不如他。”可见，孔子在学生面前也是很虚心的，一点也不摆权威学者的架子。

关于孔子的介绍，就到此为止。我们必须了解，孔子是两千四百多年前的人物。孔子“有教无类”的主张、“学不厌，教不倦”的精神，以及他在教育方法上的宝贵经验是值得我们学习的。毫无疑问，孔子是我国古代伟大的教育家。批判地吸取孔子遗产中有益的东西，用来为社会主义教育事业服务，我想这是符合“古为今用”的精神的。

新中国成立前国民教育状况

——国民党反动统治下的国民教育

一、引言

中国是一个伟大的国家，它有着广阔美丽的土地和勤劳勇敢的人民。中国是世界文明发源最早的国家之一，我们伟大祖先对人类文化作出了辉煌的巨大的贡献。我们祖国有着光荣的革命传统和优秀的历史遗产。所有这些，都足以使我们为我们的伟大祖国而自豪。

然而，我们国家曾经长期停滞在封建制度之下达三千年之久。自1840年的鸦片战争以后，帝国主义列强侵入中国，勾结中国的封建地主阶级，压迫和剥削中国人民，使一个独立的封建制度的中国逐渐变成了一个半殖民地半封建性质的国家。

1924年至1927年的大革命，打败了北洋军阀，震动了世界。但大革命最终失败，国民党蒋介石集团借机开始了它的反共反人民的罪恶统治。“从此以后，内战代替了团结，独裁代替了民主，黑暗的中国代替了光明的中国。”①

① 毛泽东选集：第三卷[M]. 北京：人民出版社，1991：1036.

国民党反动政权的性质，毛主席早在1928年就曾正确地指出："国民党新军阀的统治，依然是城市买办阶级和乡村豪绅阶级的统治，对外投降帝国主义，对内以新军阀代替旧军阀，对工农阶级的经济的剥削和政治的压迫比从前更加厉害。"[①]这就说明了国民党反动政权是代表外国的帝国主义和国内的封建地主阶级的利益的反人民的统治，它使中国社会更深重地陷入半殖民地半封建的落后状态中。

但是，1924—1927年大革命的失败并不意味着中国人民反对帝国主义、反对封建主义的革命斗争的终止。相反地，"中国共产党和中国人民并没有被吓倒，被征服，被杀绝。他们从地下爬起来，揩干净身上的血迹，掩埋好同伴的尸首，他们又继续战斗了"[②]。中国人民的革命斗争虽然经历了非常曲折的道路，然而它不但顽强地坚持着，而且日益扩大和发展起来，直到取得全国解放的伟大胜利。

这样的社会经济传统和这样的尖锐的阶级斗争，也必然地反映在文化教育方面。"一定的文化是一定社会的政治和经济在观念形态上的反映。"[③]毛主席在他的著作《新民主主义论》中曾经指出，在中国，有反映帝国主义在政治上经济上统治或半统治中国的帝国主义文化，也有反映半封建政治和半封建经济的半封建文化，这类反动文化是替帝国主义和封建地主阶级服务的。这两种反动文化结合起来，共同反对中国的新文化——中国共产党人所领导的共产主义的文化思想，阻碍中国社会的进步。

本文的目的就在于揭露旧中国在国民教育领域中的落后状态，揭露反动统治者所实施的买办的封建的法西斯主义的教育的真实面貌。

---

① 毛泽东选集：第一卷[M]．北京：人民出版社，1991：47.

② 毛泽东选集：1—4卷合订本[M]．北京：人民出版社，1968：937.

③ 毛泽东论选集：第二卷[M]．北京：人民出版社，1966：655.

二、国民党政府的反动教育政策

在国民党反动统治的二十余年中，国民党反动政府一直捧着“三民主义”作为它欺骗人民、奴役人民的工具。其之所以如此，是因为孙中山先生在“中国国民党第一次全国代表大会”中所重新解释的“三民主义”(这和国民党反动政府所标榜的“三民主义”毫无共同之处。对于这一点，毛主席在新民主主义论中已有详细阐释)。孙中山先生所解释的“三民主义”曾经是1924—1927年大革命的纲领，在群众中有一定的影响。国民党反动政府就企图利用这种影响，以掩盖其反人民反民主的恐怖统治。因此，在教育上也就标榜着所谓“三民主义”的教育。

什么是“三民主义”教育呢？国民党反动政府在1929年公布了它的教育宗旨：“根据三民主义，以充实人民生活，扶植社会生存，发展国民生计，延续民族生命为目的；务期民族独立，民权普遍，民生发展，以促进世界大同。”国民党反动统治者也和一切国家的反动统治者一样，惯于利用美丽的辞藻掩盖卑鄙的目的。实质上，“三民主义”的教育就是反人民的教育，其目的是在于奴役和剥削人民大众，奉行美帝国主义的世界主义，以维护帝国主义、封建地主阶级和官僚资产阶级对中国广大人民的统治。

必须指出，反动的国民党中央宣传部在提出确定上述宗旨的原案时，显然是以“反共”为目的的。原案法为：由于过去教育的弊害，使得共产主义的思想播入中国，因此要确定“三民主义”的教育方针。这就是说，反动统治阶级企图用反革命的教育来反对革命思想的传播。

反动统治阶级为了贯彻他们的教育目的，在教育措施上采取了振兴反动的政策。他们以腐朽的封建文化、谄媚的奴化思想和法西斯主义精神训练青年一代。

以封建文化在精神上奴役青年一代是国民党反动教育政策的重要的一面。帝国主义是通过中国的封建地主阶级来对中国人民实行统治的，使中国的封建地主阶级变为它们统治中国的支柱。所以，帝国主义者支持中国的封建的文化教育——中国愈落后，对帝国主义就愈有利。而封建文化对于法西斯主义的独裁政治也同样是有利的。

国民党在其1939年公布的《训育纲要》中，毫不掩饰地规定着要对儿童实行中国古代封建社会的教育：如古时儿童随家长洒扫、应对、进退之练习，使之孝敬父母，友于兄弟，慈于少幼，信于朋友，睦于乡里戚族，言忠信，行笃敬，废除生活中一切无往而不合乎礼义廉耻之道。因此，反动教育就以所谓“四从”“八德”以及“修养治平”等封建道德训练青年一代，企图使他们成为俯首听命的顺民和效忠尽孝的奴才。

奴化的买办的教育是国民党反动教育的另一面。毛主席曾经指出：帝国主义“对于麻醉中国人民的精神的一个方面，也不放松，这就是它们的文化侵略政策。传教，办医院，办学校，办报纸和吸引留学生等，就是这个侵略政策的实施。其目的，在于造就服从它们的知识干部和愚弄广大的中国人民”①。

旧中国的有些人模仿美国，从小学以至大学，从学校制度以至教学方法，无不唯美国是从。他们颂扬美国的富强，宣传美国的腐朽生活方式，使美国主义长期占领我国学校教育的思想阵地，从精神上毒害我国人民，形成“崇美”“歌美”“恐美”的有害思想。这种深重的思想上的遗毒，直到伟大的抗美援朝运动在全国范围内掀起以后才得到根本上的澄清。

鉴于美国主义在旧中国文化教育上的统治，就连1931年来华考察的资产阶级的教育考察团也不以为然。他们在考察报告《中国教育之改选》中曾经写道：“现代中国最显著之特征，即为一群人所造成之某种

① 毛泽东选集：第二卷[M].北京：人民出版社，1952：624.

外国文化之特殊趋势，……影响之最重大者殆为美国。极多之中国青年知识分子，徒摹仿美国生活之外形，而不知美国主义仔系源于美国所特有之情状，其与中国所流行之情状完全不同……”“在中国国家教育上负有责任之官吏，竟将美国教育与现代教育制度视同一物。……不经任何过渡之措施，即将美国之教授课程与方法，代替中国千百年来之智慧与学识。趋极端者，竟欲目睹中国之美国化而甘心。”[①]实际上，问题还不仅仅在于美国主义不适合中国的情况，而更重要的是美国的文化教育本身就是极端腐朽和极端有害的。

国民党反动教育政策的另一特色便是法西斯主义。反动统治者在学校中进行法西斯主义的麻醉教育和残暴统治。他们反对科学、反对真理、反对进步，他们从小学起就训练儿童对国民党的盲目服从。在以奴化青年为目的的《训育纲要》中，规定在小学内要“树立儿童对‘领袖’（指蒋介石，下同）之尊崇与信仰”。在1939年后制定的《青年训练大纲》中，规定“信仰”方面的训练有两个“目标”，即“信仰三民主义”和“信仰并服务‘领袖’”。他们企图通过关于蒋介石“言行”的讲述，也就是说，企图用谎言来欺骗青年，“使青年耳听心领，时时刻刻心‘领袖’之心，行‘领袖’之行”，使青年成为没有头脑和没意志的法西斯匪徒。

为了进行内战，为了巩固它的反动的法西斯统治，炮压对反动统治者来说是最为需要的。因此，它要训练青年“明了服兵役为国民人人应尽之义务，而乐于牺牲个人”，让青年去替他们当炮灰，“执干戈以卫社稷”。

鉴于法西斯主义的教育，瞿伯赞先生早在他1945年写的《人类的尊严与教育自由》一文中曾有明确而沉痛的描述：匪类闯进了文化的神殿，手枪指向教师的讲坛，刺刀插在真理的胸口。除了党纲以外无科

① 沈云龙.近代中国史料丛刊:第3编[M].台北:文海出版社,1986:10—16.

学，除了“立正”“稍息”“一二三四”以外无功课。他们不仅禁止知识的传播，还要传播不正确的知识，用这种不正确的知识来毒害下一代的孩子。这些法西斯真是不惜毁灭远祖遗留下来的文化遗产，以维持少数匪类一朝一夕的政权。

三、新中国成立前的国民教育制度

中国之有现代的学校，始于1862年的京师同文馆。而有现代的国民教育制度，则始于1902年的“壬寅学制”。自清末以至国民党反动统治时期，国民教育制度屡有更易，但都是模仿东方或西方的资本主义国家。先是模仿日本，继则模仿德国。自1922年起，随着美帝国主义侵略势力的深入，美国的学制就被全盘移植到中国来，即所谓“新学制”，又称“壬戌学制”。国民党反动政府成立以后，仍启用美式制度。虽然也有几度修订，但实质上依然是一样的，只不过使它更加反动、更加符合反动统治阶级的利益而已。

新中国成立前的国民教育制度可以简述如下：

1.小学，六年，为六至十二岁儿童而设，分初、高两级。初级四年，高级两年。合设初、高两级的学校称为小学或完全小学，单设初级的称为初级小学。自1941年实行所谓“国民教育”以后，将小学改称国民学校，即在乡（镇）设立中心国民学校（完全小学），在保设立保国民学校（初级小学）。

1935年实施所谓“义务教育”，设置了一年制的短期小学。此外尚有二年或三年制的简易小学。实行“国民教育”以后，短期小学和简易小学的名称虽已取消，但中心国民学校和保国民学校都可以办一年或两年结束的班级。保国民学校（初级小学）一般都是族式编制，而且绝大多数都只是简陋的年级小学。中心国民学校（完全小学）除设在城市的外，一般也都是问题百出。

由此可见，在小学阶段，实际上是存在着多轨制的。显然，那些一年、二年、三年、四年的小学是为劳动人民的子女，特别是为农民的子女而设的。因为这类小学都是设立在农村，而中心国民学校（完全小学）则是设立在城镇里的。

2. 中学建立在六年制小学之上，分初、高两级，各为三年，合小学六年，便是通常所称的美国的“六三三制”。

中学的初级和高级可以单独设立，也可以合设。中学以男女分校为原则，但在事实上也有为数不多的男女同校的中学。

在国民党反动统治的初期，曾经在高中阶段实行普通教育与职业教育合理设立的办法，即在高级中学内分设普通、师范、农、工、商、家事等科。这种办法至1932年废止，并且恢复了中学与职业学校分设的制度。

3. 职业和师范学校。

在六年制小学之上，有一年至三年的初级职业学校，三年至四年的简易师范学校，五年至六年的高级职业学校。

在初级中学之上，有三年制的高级职业学校和师范学校。

4. 高等学校。

大学和独立学院均建立在高级中学之上。修业年限，医学院五年，余均四年。大学和独立学院并无目的和任务的不同，其差别只是在于前者是具备三个学院的高等学校，而后者只有大学的一个或两个学院。

专科学校建立在高级中学之上，修业两年至三年（医学专科可为四年）。此后还有建立在初级中学之上的五年至六年的专科学校。

在形式上，这个学制对一切人都是平等的，也就是说，各级学校招收学生是不问家长的阶级和社会地位而一律平等看待的。国民党反动派正是以此欺骗人民，说他们的教育是民主的，是全民性的，并且在它的伪宪中列上一条："国民教育之机会一律平等。"

四、新中国成立前的初等教育

一切资本主义国家都在它们的法律上规定着一定年限的义务教育，尽管事实上是一张永远也不能兑现的空头支票。国民党反动统治阶级也学会了这一套手法。不论是在他们的《训政时期的约法》上也好，或者是在他们的伪宪上也好，都有这样一类的条文：已达学龄（六至十二岁）的儿童应一律受义务教育（伪宪称为基本教育），已逾学龄未受义务教育的国民应一律受补习教育。

然而，众所皆知，新中国成立前的中国是失学儿童和文盲人数最多的国家之一。

如果说国民党反动政府完全不重视教育，不重视这样一种统治的武器，那也是不符合于事实的。前面已经提出国民党反动政府如何在学校中向青年一代进行封建的、买办的、法西斯主义的教育，企图利用教育来巩固它的统治。不仅如此，在国民党反动统治的二十二年中，曾经为着政治上的目的两度进行普及教育的工作——抗日战争前的所谓"义务教育"和抗日战争时期以及战后的所谓"国民教育"。当然，这两种教育都不曾有也不可能有什么效果。也就是说，这两种教育的推行计划都是不曾实现也不可能实现的。原因就在于这两种教育都不为人民所需要。而国民党反动政权在教育方面都存在着不可克服的矛盾：一方面想利用教育来愚弄人民、巩固统治；另一方面又害怕人民有了知识，会成为它的更加觉醒和更加有力的敌人。同时，在他们不得不就各种武器进行选择的时候，他们宁可选择枪炮而舍弃教育。他们后来也不曾想过为了提高人民的文化水平而推行教育。

1935 年，国民党反动政府开始实施所谓"义务教育"。实施"义务教育”的政治企图，从当时伪教育部部长王世杰向伪行政院提出的提案原文中就可以明显地看出来，他说：如果不普及教育，“就政治的建设言，则凡党义之宣传，自治之训练，国家观念之养成，民族意识之培植，均将有不可克服之障碍，丁兹内忧外患交迫之时，此种障碍，至可忧虑”。难道这还不够明白吗？与此同时，国民党反动政府在它用武力攻占的红军根据地内实施所谓“特种教育”（对根据地儿童和成人进行反共教育）。1935 年用于“特种教育”的经费占反动政府全年国家教育文化经费总数的三分之一以上，可见其用心之毒。从这里，我们就更可以理解反动统治者为什么就恰恰在这个时候实施“义务教育”了。

1935 年，国民党反动政府公布《实施义务教育暂行办法大纲》，妄图在十年期限内使全国六岁至十二岁的儿童逐渐接受连续四年制的“义务教育”。

在它所称的第一期（1925—1940 年），是在普通办学之后，办一年制短期小学，招收六至十二岁的学龄儿童。根据国民党反动政府不可靠的统计，抗日战争开始前一年，全国有一年制短期小学两万八千所，入学儿童一百八十二万人，约占全部小学学龄人数的百分之十。

很显然，以中国文字之难于学习，想在短短的一年之内使六至十二岁的儿童掌握中国文字而成为非文盲，这是很难做到的事，何况在学成一年之后又无继续巩固的任何规定和措施！那么，短期小学的目标究竟何在呢？反动政府制定的《一年制短期小学替行课程标准》所规定的短期小学目标第一项就是：请示公民道德，养成其国民必需的道德习惯。这就是说，短期小学目标在于灌输奴隶道德，培养俯首帖耳的顺民。

所谓“国民教育”是随反动政府 1939 年的“新学制”而来的，并且成为“新学制”的一个构成部分。什么是“新学制”呢？“新学制”就是把中国历代封建政权用以“部勒民众”的保甲制度加以法西斯化，表面上冠以“自治”的虚衔，实际上是强化学、仰、保、甲的统治，以便于更严密、更残酷地压迫和剥削广大人民。

“国民教育”之所以被列为“新学制”的一部分，其目的就在于使教育成为更加直接的统治人民的工具。在实行“国民教育”之前，蒋介石曾经抱怨学校和教师没有为他服务好。在很多地方，学校设立多年，而其左右前后之民众，还是不当兵、不纳税、不实行新生活。这样，他就命令把小学纳入“保甲制度”，并扩大“教育”的对象——不仅是儿童，还包括成年男女，实行所谓“国民教育”。这就是“国民教育”的由来。

国民学校是实施“国民教育”的机构。国民学校的目标据反动政府的《国民学校法》第一条所载：应注重国民道德之培养及身心健康之训练，并授以生活必需之基本知识技能。所谓“国民道德”，实质上就是奴隶道德。这当然是反动统治者所最为关心的，所以列在首位。“身心健康”是“当兵”的重要条件。“生活必需的知识技能”也是作为被统治的奴隶们所不可缺少的。要“纳税”、要替剥削者生产财富，就得学习劳动生产及有关战斗的基本知识技能。

《国民学校法》规定，编制国民学校都设置小学部和民教部。保国民学校的小学部依照初级小学编制，乡（镇）中心国民学校的小学部依照完全小学编制。但两种学校都可以办一年或二年结束的班级。

民教部所设教学科目有国语、公民、常识、算术和音乐。主要的教科书是特别编写的“国民必读”，它是根据国民党的《党员十二守则》编写的，其目的在于给人们灌输封建道德和法西斯思想。小学部分的教学科目时数见表1所示。

表1 小学部的教学科目时数

（根据1942年修订的小学课程标准整理）

单位：分钟

<table>
<tr><td colspan="3" rowspan="2"></td><td colspan="2">低年级</td><td colspan="2">中年级</td><td colspan="2">高年级</td></tr>
<tr><td>一</td><td>二</td><td>三</td><td>四</td><td>五</td><td>六</td></tr>
<tr><td colspan="3">团体训练</td><td colspan="2">120</td><td colspan="2">120</td><td colspan="2">120</td></tr>
<tr><td colspan="3">音乐</td><td colspan="2">60</td><td colspan="2">90</td><td colspan="2">90</td></tr>
<tr><td colspan="3">体育</td><td colspan="2">120</td><td>125</td><td>150</td><td colspan="2">180</td></tr>
<tr><td colspan="3">国语</td><td colspan="2">420</td><td colspan="2">450</td><td colspan="2">450</td></tr>
<tr><td colspan="3">算术</td><td>60</td><td>150</td><td>180</td><td>210</td><td colspan="2">210</td></tr>
<tr><td rowspan="4">常识</td><td rowspan="3">社会</td><td>公民</td><td colspan="2" rowspan="4">150</td><td colspan="2" rowspan="4">180</td><td colspan="2">30</td></tr>
<tr><td>历史</td><td colspan="2">90</td></tr>
<tr><td>地理</td><td colspan="2">60</td></tr>
<tr><td colspan="2">自然</td><td colspan="2">120</td></tr>
<tr><td colspan="3">图画</td><td colspan="2">60</td><td colspan="2">60</td><td colspan="2">60</td></tr>
<tr><td colspan="3">劳作</td><td colspan="2">90</td><td colspan="2">90</td><td colspan="2">90</td></tr>
<tr><td colspan="3">总计</td><td>1080</td><td>1170</td><td>1295</td><td>1350</td><td colspan="2">1500</td></tr>
</table>

注：表中所列时间均为分钟数，每节课通常以30分钟为原则，可依儿童年龄和科目性质分别延长或缩短。短的不少于15分钟，长的不多于60分钟。

表中的“团体训练”就是“公民训练”。这一科目的性质，只需引用《第二次中国教育年鉴》中关于这一科目演变历史的叙述就可明白。该年鉴中写道：“清末规定为修身，新学制课程标准改为公民。民国十七年加三民主义，民国十八年合三民主义及公民而为党义，民国二十一年改为公民训练。民国三十一年将公民训练改为‘团体训练’，但目标无多大变更。”由此可见，“团体训练”或“公民训练”乃是从清代封建王朝以来一脉相承的对儿童进行奴化训练的反动科目。

当然，所有各科都是要服从于国民学校总的目的任务的，这一点在反动的《小学课程二次修订标准》的目标中曾有明确规定。我们在前面已经指出，培养“国民道德”是反动统治者所最为关心的。现在我们不妨再看一看在上述“标准”中的总目标中对所谓“国民道德之培养”所作的“分析申明”：“1.发展中国民族固有的国民道德；2.培养发展国家协和世界的公民理想。”非常明显，所谓“中国民族固有的国民道德”就是中国历代封建王朝所提倡的封建道德，就是教人做农奴、做顺民的那些所谓“四从”“八德”。而所谓“发展国家协和世界”就是发展反动政权和甘心接受美帝国主义对中国的统治。所有这些，就是小学全科教学所要贯彻的反动思想。

国民党反动政府就是企图把这样的“国民教育”普及。在它公布的《国民教育实施纲领》中规定，在五年（1940—1945）内完成普及工作。到1945年时要求入学儿童达到学龄儿童总数的百分之九十以上，入学民众达到失学民众的百分之六十以上。最终结果是，入学民众占失学民众的百分之三十七。如果这些数字可靠的话，虽然他们有吹嘘的地方，离他们的计划还有很远，但是也很有成就了。

《教育通讯》第四卷第六期刊载了《我国地方教育行政的需要》一文。要求地方教育行政“综核名实”，加强反动教育工作的效能。然而文中却暴露了反动教育的真相。文中说：地方教育的统计数字多年是虚伪的。例如某县小学学校的数目，在发展报告书中是四百二十八所，早已达到每保一校的标准。但按其实际，并不是如此乐观。其中只有四五个区的中心小学略具规模，二十九个乡镇中心的小学则为读《三字经》《百家姓》的私塾，大多数的所谓小学学校，或者有校长而无学生，或者有招牌而无校长，或者招牌亦付阙如。若有不懂世故的视察员，按着官所编制的小学校长名单到乡村拜访某小学，他必有踏破铁鞋无觅处的感叹。所以，全县有学生有教员的小学，至多五十所，其余三百七十八所小学都是假的。这是某乡教育行政上的特殊现象吗？不。又如官所报告，某地方有两万多所附设或专设的民众学校，在一年内扫除了文盲四十九万人。其中女性有多少，男性有多少，阶级有多少，上课课时多少等，这些数目又有多少可靠性呢？民众学校是附设在小学内的，但十分之七的小学是假的，那么“皮之不存，毛何焉附？”。这就足够说明国民党反动政府在国民教育方面所吹嘘的“成就”的价值了。

“国民教育”计划的失败是必然的结果。一方面，它是反人民的，它带给人民的不是幸福，而是奴役与灾祸，这就决定了这种教育是不为人民所需要的。另一方面，反动政权本身存在着许多矛盾，它的腐朽达到极点，已经完全没有可能来组织规模巨大的普及教育工作。

“国民教育”的普及要先解决两个问题：经费与师资。而这两个问题都是国民党反动政府所无法解决的。

在国民党反动统治的二十多年中，教育文化经费在国家预算中从来没有达到百分之五。抗日战争以前，一般为百分之三或四；抗日战争期间，一般为百分之二上下；抗日战争结束，1946 年为百分之二点一，1947 年为百分之二点九。而且，“中央教育文化经费”主要用在高等教育方面，而用于“国民教育”的为数极微。以 1946 年为例，在“中央教育文化经费”三千余亿元中，用于“国民教育”的只有三亿元，尚不及千分之一。

“国民教育”是县市地方的“枝叶”，理应依靠县市地方财政。但是县市教育文化经费所占比例也很低，如 1946 年，福建为百分之二点八，浙江为百分之二十七点五，江苏比例最高，也不过百分之二十七点五。当然，该市教育文化经费也不是完全用于“国民教育”的。

那么，“国民教育”的经费从何而来呢？据反动政府的《国民教育实施纲领》规定：保国民学校的经费以由保自筹为原则，中心国民学校的办公设备等费用也由地方自筹。到1944年反动政府公布《国民学校法》时，才将保国民学校的经费也列为由县市统筹支给。但自1946年以后，县市财政之困难有增无减，因而国民学校经费多不列入县市预算之内，而责令乡保自筹。

为了乡保自筹，“国民教育”经费在实行“国民教育”之始，国民党反动政府就曾公布了《保国民学校及乡（镇）中心学校基金筹集办法》，这样就给贪官污吏、豪绅恶霸带来了更多的财源，而给广大人民带来了新的苛捐杂税。在民穷财尽、学校开门的情况下，1948年反动政府不得不公布了一个没有办法的《国民教育经费整理和增筹办法》。值得注意的一条是“本办法施行后，以前所有之一切摊派及学校征收之经费，均一律禁止”因而也就说明了《国民学校法》中所规定的“不得收取学费或保费”和由学校发给“必需之学习用品”的彻底虚伪性。

在新中国成立前的旧中国，从来只有纸面上的免费教育，而没有实际上的免费教育。抗日战争以前，小学所收学费普通不下于二元、三元或四元，而初级小学每生每年所占的教育费也不过三元五角至四元。实行“国民教育”以后，学校征收之各费用更大于战前。这样，广大劳动人民的子女就必然地被排斥于学校门墙以外了。

至于师资方面，教师的职业在中国是不受重视的。特别是小学教师，社会地位和物质待遇都非常低。这种由于旧社会所造成的轻视教师和不愿做教师的观念，到今天还或多或少地残存在一部分人的意识中。

关于教师的物质待遇，《第二次中国教育年鉴》中有这样的记载：民国廿五年（1936年）教育部公布修正小学规程，……对于小学教员，规定至少以当地个人生活费之两倍为标准，当时各地大都因教育经费支出，未能完全实现。抗日战争以后，地方财政益显窘迫，一般小学教员，因待遇过于菲薄，无法维持个人生活，纷纷转行。

新中国成立以前，陶行知先生曾经写了一首小诗，表达了小学教师的不平之鸣："人人称我老夫子，生活不如老妈子。同样为人带孩子，吃不饱来饿不死。"

前面已经指出，旧中国是失学儿童和文盲人数最多的国家之一。但是，新中国成立前，中国究竟有多少失学儿童和文盲呢？在这方面，是缺乏精确的统计数字的。

据反动政府教育部不可靠的统计，1945年度国民学校及小学的数量及其学生人数如表2所示。

表2　1945年度国民学校和小学的数量及其学生人数

		中心国民学校	国民学校	小学	总计
学校数量/所		32,015	214,658	22,236	268,909
学生人数/人	女	1,545,346	3,238,732	759,843	5,543,921
	男	4,656,288	10,009,260	1,516,181	16,181,729
	合计	6,201,634	13,247,992	2,276,024	21,725,650

上面的数字当然不能认为是真实的，但是我们可以以此为根据，来说明下述事实：

第一，完全小学（中心国民学校和小学）仅占全部校数的百分之二十点二，完全小学学生人数占学生总数的百分之二十八点四。这就是说有百分之七十以上的在学儿童是在占全部校数百分之八十的简陋的保国民学校上学。第二，表中的"小学"绝大多数是私立的。据统计，该年度在私立小学的学生在二百万人以上。第三，女生人数仅占全部小学生人数的百分之二十五点五。

据1947年4月联合国教育科学文化组织基本教育研究领域的报告得出，全国六岁至十二岁的学龄儿童有六千七百万人，除已入学儿童两千一百余万人以外，至少有失学儿童四千六百万人。根据上述数字计算，失学儿童占学龄儿童总数的比例将达百分之七十。

失学儿童的实际数字当然不会小于上述百分比。我们以当时南京和北平两大城市为例。这两大城市是反动统治的政治和文化的中心，教育比较发达。但据1946年底教育部员司视察南京市教育的报告得知，在全市学龄儿童十三万三千六百七十三人中，失学儿童有六万六千七百七十三人，约占百分之五十。北平市教育局1948年调查显示，失学儿童占学龄儿童总数的百分之五十点九。南京、北平尚且如此，其他中小城市和广大农村失学儿童之多，那就更不用说了。

新中国成立前，全国文盲数量在百分之八十以上。毛主席早在1945年就曾指出："从百分之八十的人口中扫除文盲，是新中国的一项重要工作。"①

五、新中国成立前的中学教育

据国民党反动政府统计，1946年全国有中学四千一百九十二所，学生一百四十九万五千人，其中有私立中学两千零八十所。在私立中学中，有不少教会学校（大抵都由帝国主义分子所控制）。单基督教教会设立的中学，1946年的调查显示，有二百三十所，分布在一百零三座城市中。中学教学科目及每周教学时数见表3所示。

表3　中学教学科目及每周教学时数

（根据1940年修订的课程标准整理）

单位：小时

中学教学科目	初中			高中		
	Ⅰ	Ⅱ	Ⅲ	Ⅰ	Ⅱ	Ⅲ
公民	1	1	1	1	1	1

① 毛泽东选集：第三卷[M].北京：人民出版社，1991：1083.

续表

中学教学科目	初中			高中		
	Ⅰ	Ⅱ	Ⅲ	Ⅰ	Ⅱ	Ⅲ
体育	2	2	2	2	2	2
童子军	2	2	2			
军事训练或家事看护				3	3	3
国文	6	5	5	5	4(2)	4(2)
外国语				5	5(1)	6(1)
算学	3	4	4	4	3(2)	3(2)
博物	4					
生物				3		
矿物						1
生理及卫生		1	1			
化学		3			4(1)	
物理			3			4(1)
历史	2	2	2	2	2	2
地理	2	2	2	2	2	2
劳作	2	2	2	2		
图画	2	2	2	1	1	
音乐	2	2	2	1	1	
选修时数	3	3	3			
每周教学总时数	31	31	31	31	31	31

注：每课时（每节）为50分钟。

上述教学科目和时数是依据这样的原则制订的：初级中学分为升学准备和就业准备两组，高级中学分为文科和理科两组。因此，初级中学每年均有每周三小时的选修时数。对于升学准备的学生，三小时是选修英语；而对就业准备的学生，三小时选修分别为：第一年国文两小时，历史一小时；第二、三年公民一小时，职业科目两小时。高级中学自第二年起开始分组。理科组第二、三学年算学五小时，物理、化学各五小时，国文四小时，外国语第二年五小时，第三年六小时；文科组第二、三年算学三小时，物理、化学各四小时，国文六小时，外国语第二年六小时、第三年七小时。

初中就业准备组是为培养反动统治的地方下属干部而设的。所以，规定第二、三年选修的公民及职业科目均授以“地方建设”（或为“地方统治”）有关的教材。

由此可见，新中国成立前中国的中学教学计划并不是统一的，这就使得中学学生不能受到同等的完整的普通教育。

国民党反动政府在中学课程上，一方面是模仿美国，另一方面也模仿德国对青年学生进行法西斯训练的精神和制度。国民党反动政府对此是非常注意的。教学计划中的公民、童子军和军事训练是最反动的科目。当然，所有科目，特别是国文、历史、地理等，也同样浸透着反动的精神。

为了加强思想统制、加强教材的反动性，抗日战争开始以后，在蒋匪介石的直接“手令”和直接“指示”下，建立了专门的教材编辑机构，编行“国空本”教科书，禁止私家编印。关于课本内容，《第二次中国教育年鉴》中有这样的记载，中学各科课本的编辑，“以青年守则为中心”（即国民党的党员守则），并照蒋介石“指示”，“伦理科目以春秋礼记材料为中心”（按指公民科），注意“农村生活为国民生活之本位”。由此可见，中学教学内容是如何充满封建法西斯的统治精神的。

为了防范中学学生过问政治，参加社会活动，国民党反动政府从1932年起就建立了中学（初中和高中）会考制度。会考科目包括除体育、美育以外的全部科目，把学生束缚在繁重的呆读死记的课业中。这种不得人心、毒害青年智慧的会考制度，在一开始就引起全国各地青年学生和教育界人士的反对，而反动统治者却一直顽固地拒绝取消这种制度。因此，反对会考的运动几乎每年都有发生，直到反动统治的灭亡。

除会考以外，反动统治者用童子军管理（初中）、军事管理（高中）和训导制度来箍制学生。童子军管理和军事管理的实际意义就是在学校中对青少年实行军事法西斯统治，使学校生活军事化，把学校变为兵营，训练学生盲目服从，企图使他们完全丧失辨别是非的理性，变为服从于统治者的奴才。童子军教练员和军事教官大概都属于国民党特务军统，和训导人员勾通一气，成为反动统治者派在学校中的鹰犬。他们仇视共产党，仇视思想进步的教师和学生。他们检查来往信件，并组织“特务学生”暗中刺探教师和学生的言论和行动。他们滥施体罚，并设有自己的“监狱”——禁闭室或反省室，以惩罚那些“不守规则”的学生。他们还和校外的特务机关互通声气，以拘捕和暗杀那些他们认为是“共产党”的学生。

为了掩饰和配合这种法西斯的野蛮统治，反动政府在中学实行所谓导师制。每一班级设导师一人，从专任教员中聘请担任。在训导员领导之下，对学生的思想行为“施以严密的训导”。

当然，在中学就学的学生，大部分是资产阶级（包括大资产阶级和民族资产阶级）和农村中的地主、富农的子女，以及一部分城市小资产阶级（教职员、自由职业者）的子女。尽管如此，绝大多数青年学生仍然与反动政府及其学校处于对立的地位。

高昂的入学费用使工农劳动人民的子女被摒弃于学校的高墙之外。

他们连小学教育都难以享受，自然更不必说中学教育了。

抗日战争结束以后，国民党反动政府热衷于内战，以致通货膨胀、物价飞涨、民不聊生。而中学学费随物价而上涨，使得一般小资产阶级也难以供应子女上学。据调查，1946年度第一学期，南京、上海、杭州一带中学所收学费，相当于工教人员的收入。一个初中生要占月薪百元的家长一个月的收入；一个高中生要占月薪二百元的家长一个月的收入，再加上书籍、文具、制服、膳宿、交通等费用，就不是一个普通工教人员家庭所能负担的。

六、结束语

总结以上所述，我们可以了解旧中国的教育是半殖民地半封建的教育，它是为帝国主义、封建地主阶级和官僚资产阶级服务的。

在解放前的中国，广大劳动人民及其子女受不到学校教育，甚至连最起码的小学教育也受不到。因而造成了大量的失学儿童和文盲，使中国处于愚昧落后的状态。

毛主席早在1940年在他的著作《新民主主义论》中就曾写道："我们不但要把一个政治上受压迫、经济上受剥削的中国，变为一个政治上自由和经济上繁荣的中国，而且要把一个被旧文化统治因而愚昧落后的中国，变为一个被新文化统治因而文明先进的中国。"①

这个伟大的科学预见已经实现了。我们的祖国已经作为一个伟大的强国走上世界政治的舞台。亚洲乃至世界的面貌，由于新中国的出现而有所改变。如果说我们伟大的祖国过去是一只睡狮，那么今天这个睡狮不但已经觉醒了，而且还站立和行动起来了。

中华人民共和国成立后的短短四年中，人民政府根据共同纲领中的

① 毛泽东选集：第二卷[M].北京：人民出版社，1991：656.

文化教育政策，大大发展了文化教育事业。学校和学生数目都有大量增加。到1953年底，小学有五十万多所，学生五千多万人，中等学校五千九百二十四所，学生三百六十二万多人（其中中学学生较1949年增加了百分之一百八十五），而且人民政府还确定了与工农有关的教育方针，各级学校中学生的成分起了很大的变化。现在不仅小学里工农子女占绝大多数（1952年统计为百分之八十以上），中学和大学学生中的工农成分也在逐年增加。1953年，中学学生中工农子女已占学生总数的百分之五十七点三，高等学校工农成分的学生占大学生总数的百分之二十二左右。

毫无疑问，随着国家经济建设的发展，我们的文化教育事业也必然年复一年地向前发展。而今后工农及其他劳动人民子女在各级学校中的比例，一定还会逐步上升。劳动人民被剥夺受教育权的黑暗日子是永远地一去不复返了。

陶行知纪念会上的发言

今天是伟大的人民教育家陶行知先生九十五周岁诞辰，我有机会来参加这个纪念会，感到很荣幸。我因为生病，好几年没有参加这样的会了，今天能和各位同志一起来参加这个会，我感到非常愉快。今年又是陶行知先生逝世四十周年，他虽然只活了五十五岁，但在教育理论和教育实践方面给我们留下了极其丰富的遗产。我们纪念陶先生，最好的纪念是学习他的为人和思想。

怎样向他学习，这里我只想讲两点：

第一，我们要学习他“捧着一颗心来，不带一根草去”。这是什么精神？这就是“毫不利己，专门利人”的精神，就是全心全意为人民服务的献身精神。陶先生不仅这样讲，而且也是切切实实这样做的。这种精神，值得我们教育工作者好好学习，当然在一切岗位上工作的同志们都应当好好学习这种精神。陶行知先生曾经提倡过“武训精神”。武训是什么人？武训是清朝光绪年间山东的一个要饭的叫花子。虽然他穷到以乞讨为生，但他用行乞得来的钱，于光绪年间在山东堂邑、馆陶、临清办了三所义塾，把行乞兴学当作他终生从事的唯一事业。陶先生对武训评价很高，他说：武训为兴学而生，为兴学而死。一切为兴学，兴学为苦孩，鞠躬尽瘁，死而后已。一九五一年由于批判电影《武训传》，株连陶先生，以致陶先生的教育思想三十年得不到宏扬、传播。现在看来，对电影《武训传》的批判，可以说正是左倾思想路线在新中国横行的起点。胡乔木同志在中国陶行知研究会成立大会上的讲话指出：1951年对电影《武训传》的批判“是非常片面的、非常极端的，也可以说是非常粗暴的”。

第二，学习陶行知的教育思想要和当前的教育改革结合起来，为贯彻中央关于教育体制改革的决定贡献力量。关于教育体制改革的决定中确定的一件大事就是实行九年制义务教育。实行九年义务教育就是在高龄儿童中普及基础教育。这是普及教育的一个方面。普及教育的另一个方面是要扫除文盲和半文盲（一九八二年人口普查，全国有文盲、半文盲两亿三千万人），这也是一项相当艰巨的任务。陶行知先生终生关心教育普及，用全部精力从事普及教育工作。他在一九三四年说过：“这十几年来，我有时提倡平民教育，有时提倡乡村教育，有时提倡劳苦大众的教育，不知道的人以为我是见异思迁，欢喜翻新花样；其实我心中只有一个中心问题，这便是如何使教育普及。”[①]在旧政权统治之下，陶先生的愿望当然不可能实现。今天在党的领导下，人民当家作主，条件就大不相同了。从新中国成立以来，我国教育事业的发展就说明了这一点。我国的义务教育法已经公布了，这是我国教育史上的一件大事。但是“徒法不能以自行”，这需要全国上下协力同心，认真从事，才能成功。从历史上看，从清末兴学开始，就提出实行义务教育。到新中国成立前夕，四五十年过去了，依然如故，文盲仍占百分之八十以上。就是在新中国成立以后，一九五一年教育部曾提出规划，十年内普及小学教育，这就是说一九六一年完成普及小学教育的任务。结果呢，至今我们还没有普及小学教育。文盲、半文盲还有两亿三千万人。现在我国义务教育法正在实施，我们要学习陶行知先生终生关心和从事普及教育工作

① 陶行知.陶行知文集[M].南京：江苏人民出版社，1981：422.

的精神，全国上下齐心协力，以达到一九九〇年左右普及小学教育，本世纪末基本实现普及九年义务教育的目标，把我国人民的文化素质提高一步，为我国赶上世界发达国家打下一个坚实的基础。

第四篇　考试研究

中学毕业会考制度平议

在社会动荡、人心不安的环境下，推行一种制度，即使是一种行之有效的常规，也会遭遇意外的困难。去年的中学毕业会考，因为各地学生反对，由会考改为联考，最后，教育部终于抚顺舆情，连联考也索性停止。今年会考，教育部通令各省市教育厅局斟酌办理。除宁夏省业已举行外，余均尚未举办。本文目的不在讨论会考应不应该举行，而是要研究会考这一制度，其本身有无存在的价值，或有无改正的必要。

我国中学毕业会考创始于民国二十一年（1932年）。依据当时公布的会考规程第一条：各省县市教育行政机关为整齐小学、初级中学、高级中学普通科学生毕业程度及增进教育效率起见，对所属各中小学应届毕业经原校考查及格之学生，举行会考。从这一条可以看出，会考的作用有二：一是整齐学生毕业程度，二是增进教学效率。同规程第十一条：会考结束时，应以学生个人为单位，将其所得各科成绩算为平均数，分别以等第揭示外，同时还应以学校为单位，将与试各生平均成绩算为平均数，分别以等第揭示之。这指明会考的对象不仅为学生个人，同时也包括学校在内。后来，废除小学会考，另定中学学生毕业会考规程。然于最初所定的要义，并无变更。

会考的作用已如上述。而反对会考的人则谓：一、会考不能作为评判学生和学校成绩的根据；二、会考妨碍学生健康；三、会考鼓励学生读新式“闱墨”，投机取巧。甚至有以若干年来因会考而发生的不良问题，如试题走漏、学校舞弊等，来攻击会考制度。

世间本没有绝对好的一种制度，但也没有绝对坏的一种制度，总是利弊互见。我们衡量一种制度的标准，一要看现今社会里是否需要，二要比较利害，看是否利多于害，或有无办法取其利而避其害。人们主张或者反对某一制度，往往总爱收集与自己主张有利的理由和例证，而持一偏见。譬如主张会考的人，就拿欧洲的中学校外考试为例；而反对会考的人，却又举出美国的中学不但没有会考，而且根本就不重视考试的例子。我们究竟应采取欧洲的会考制度，抑或仿照美国的办法呢？这不是随便说说就可以算了的，必须要了解欧美制度何以有此差异。欧洲的中学教育，一向注重选择、注重人才教育。中学的目标，在于实施文化陶冶，准备高深学术的研究。所以，校外考试极其严格。美国把中学视为小学的延长，注重普及，要人人都受中学教育（美国人且存有普及大学教育的企图），所以不重考试。这是欧美教育政策的根本不同。我们的政策呢？重选择，亦重普及。

我国中学教育，在形式上是仿照美国的。中学的目标，是继续小学之基础训练，以发展青年身心，培养健全国民，并为研究高深学术及从事各种职业之预备。这显然和欧洲的纯以预备研究高深学术的中学不同。在这一点上，我们的中学教育应该是注重“普及”的。在学校制度上，我国中等教育这一阶段，除中学外，还包括师范学校和职业学校。师范学校和职业学校的毕业生，须服务四年后始可升学。一毕业就能升学的，只有高级中学。实际上，高级中学是唯一准备升入大学或准备研究高深学术的场所。在这一点上，我们的中学教育又应该是注重选择的。所以，我国中学教育政策应该兼顾“普及”和“选择”这两个原则。就初中、高中两级来说，初中应侧重普及（当然不能完全忽视选择），高中应侧重选择（也不能完全忽视普及）。初中会考，应一律废止；高中会考，在某种条件下，不仅应该保存，而且要充实内容、提高水准。

再说，中国幅员如此之广，将来教育发达，中学数量越发众多，如何制定一个共同标准，诱导全国中学达到这个标准，会考将是一种可用的办法。况且大学入学的竞争考试，极为激烈。一个学生在高中毕业后，短短的一两月间，不知要参加多少次的大学入学考试。考了这个大学，又要考那个大学。在烈日炎炎之下，东奔西走，一面考试，一面预备，废寝忘餐，无间昼夜，真可说是“心力交瘁”！人们多指责会考妨碍学生健康，孰不知大学入学考试之妨害青年身心，更十倍百倍于会考。所以，我主张保存会考制度，而取消大学入学考试，既可使全国中学有共同一致的标准，又可免除学生的重叠考试，有利于青年的健康。

以会考代替大学入学考试，即会考及第者都能不再经过考试而直升大学。英德两国，具有先例。英国的中学学生，只要通过了第一次或学校文凭考试（Firstor School Certificate Examination）或者是第二次或高级文凭考试（Secondor Higher Certificate Examination），都可免除大学入学考试而升入大学。德国的中学生，通过了中学最后的考试，也可不再经过考试而进入大学。这种办法，国人倡之者，亦颇不乏人。唯大家觉得有两点似乎可虑：第一，大学容量有限，不能使所有会考及第者都进入大学；第二，如必使会考代替大学入学考试，则唯有提高程度，严格去取。如此，会考落第者人数必甚多，此甚多之学生不能结束中学学业，岂非一大困难？但这是不足虑的。德国的办法：凡不能通过中学最后考试者，发离校证书（Leaving Certificate），载明应试者所希望从事的职业，使其入社会就业。我们似也可仿行。下面，我具体地提出会考办法，敬求海内贤达予以指教：

一、高中应届毕业学生，参加校内毕业考试，通过者发给毕业证书。

二、持有高中毕业证书者，可以参加国家举办的会考。会考及第者，由教育部发给会考证书。有此证书，在一定年限内，可以直升大学。原有的大学入学考试，一律废止。

三、师范和职业学校毕业生，也可参加会考，取得会考证书。但须在服务期满后，始得进入大学。

四、具有高中毕业同等学力者，可先受检定考试（此项考试应于每届会考前三个月举行），通过者发给检定证书，检定证书的效力与高中毕业证书同等，不必受百分比的限制。

五、中央设会考委员会，其人选包括教育部部长、大学校长、各科专家及教育部内的高级员司。各省设省会考委员会，包括教育厅厅长、大学校长、大学教授及教育厅内有关的高级职员。

六、考试务求严格，尽量发挥选择的效能。

照上面这个办法，不打算从事高深学术研究的学生，可以不必参加会考而取得高中毕业证书，结束高中阶段的教育；参加会考而未被录取的，也不妨碍其毕业。但会考及第的，则必须是经过严格的选择，具有升入大学从事高深学术研究能力的人。同时，对于贫寒自学的人，给他们一个检定考试的机会，使努力上进者不必限于中学门内。这样，我们便能完全兼顾“普及”和“选择”两个原则，一面提高质的程度，同时也不妨碍量的发展。

当然，技术上的问题还有值得研究的。例如：试题和计分标准，究应全国一致抑或省自为政？会考的科目，究以哪些为适宜？如何避免“闱墨”式的考试，并能测验出真正的成绩？对于智力与独立研究的思考办法，应否予以考验？如何考验？升入大学是采用分发办法，抑或任其自由选择？这些都还需要研究，需要寻求解决的方案。

谈考查

考查和考试同为考核学生学业成绩的方法，同为教学过程的一个教学环节。在教学过程中，通过讲授、习题、实验、实习、课堂讨论、自习等环节，学生学习了教师所传授的知识和技能。但是，学生学习的效果如何，对于所学的知识和技能掌握到什么程度，这就有赖于通过考试、考查这一环节来进行检验。这种检验，跟工业生产中对产品的检验相似，是保证质量的重要一关。把好这个关口对于在学业成绩方面保证高等学校培养的人才合乎规格具有重要的意义。

但是，如果我们把考试、考查理解为只具有把守关口的作用（虽然这个作用是重要的），认为这个环节只不过是决定谁能过关、谁不能过关的问题，从而把它作为一种消极的方法来看待，那就不恰当了。在高等学校中，进行考试、考查的目的是帮助学生系统地复习和巩固所学的知识，检查学生对所学的知识和技能的理解程度和运用能力。根据考试、考查的结果评定学生能否按照教学计划循序渐进地学习，以至能否毕业，这当然是考试、考查这一环节的一个重要作用。但从上述目的来看，这一环节的作用还不止于此。在程序上，考试、考查固然可以说是教学过程的最后环节，可是它的作用却渗透在整个教学过程之中，它对学生的学习和教师的教学都起着积极的推动作用。就学生的学习来说，一方面，帮助学生系统地复习和巩固所学的知识，推动学生自觉切实地学好功课；另一方面，可以使学生看到自己在学习上的成绩和差缺情况，从而巩固成绩。特别是采取措施弥补差缺，提高学习质量。就教师的教学说，学生的学业成绩在很大程度上反映着教师的教学质量，因而通过考试、考查可以帮助教师发现教学上存在的问题，从而进一步研究和改进自己的教学工作。可见，正确地看待和运用考试、考查这一环节对于促进教学质量的提高同样具有积极的意义。

考查虽与考试同为考核学生学业成绩的方法，二者具有同一的目的，但毕竟是有区别的。看不到它们之间的区别就会混淆二者的界线，使我们不能正确地进行考查。考查与考试的主要区别是：（一）考查的成绩虽也在学期之末进行评定，然而考查的进行乃是与整个学期的教学进程相终始的。至于考试，则只有在学期之末才能进行。（二）考查的对象主要是学生的平时作业，其中包括学生平时完成的实习、实验、课外作业、课堂讨论的发言（包括发言提纲）和平时测验等；而考试的对象，则是整个学期课程的全部讲授内容。（三）考试成绩的评定一般采用四级计分的方法；而考查一般只采用“合格”“不合格”的计分方法。这种只问“合格”“不合格”的计分方法也就意味着考查的要求是较低于考试的。上述这些差别表明了考查所具有的特点。

根据考查的特点，做好考查工作，下列三点是值得注意的：

第一，教师必须加强对学生平时各种作业的检查，并把检查和改进教学措施结合起来。为了在学期末正确地评定考查的成绩，教师必须对学生平时各种作业进行认真的检查（当然，书面作业还要认真地批改），并记录其成绩。没有平时成绩的积累，期末的评定就缺乏可靠的依据。这是一方面。更重要的是，教师要根据教学计划的要求和本门课程的性质、任务和内容，有计划地配合课堂讲授安排实验、实习、习题和课堂讨论等环节，布置必要的课外作业，督促和指导学生认真地进行准备，及时地完成作业。必要时还可以进行平时测验。这样，就有助于学生系统地按部就班地复习和巩固所学的知识。同时，教师从上述各种作业中发现学生知识中的缺陷，就要及时采取措施，加以补救，尽可能地扫除学生学习途中的障碍，并随时分析研究造成学生知识缺陷的原因，不断改进教学工作，提高教学质量。如果教师不重视对学生平时作业的检查，而只采用在学期末集中测验的方法来评定考查的成绩，那么，不但会增加学生在学期末的学习负担，而且这种评定也很难正确地反映学生平时学习的实际情况，更不能发挥考查对提高教学质量的积极作用。

第二，考查不能过多地依靠平时测验，更不能把测验变成变相的考试。进行必要的平时测验，对于检查学生掌握知识的程度和督促学生努力学习是有其一定的积极意义的。但不能把测验作为检查知识和督促学习的唯一手段。过多地进行测验，就会增加学生的学习负担，制造人为的紧张状态，这是不利于学生的正常学习的。我认为，在高等学校中，除了应该保证学生在复习好所学的教材和完成必要的课外作业之外，还要让学生有时间从事课外阅读。特别是主要课程，应该指导学生精读一两本重要著作，而不应该使学生把很多的时间和精力用于应付测验。有些教师虽然进行测验的次数并不多，但把测验变成变相的考试。据我所知，有些教师往往在学期之中和学期之末进行两次测验，在测验前一两周通知学生，要求学生认真准备，全面地复习这一阶段讲授的内容。测验题的深度和难度、进行测验的时间基本上与学期末考试的笔试没有什么不同。学生为了集中力量应付这样的测验就不得不牺牲休息时间和减少睡眠时间，不得不搁下当前功课的复习和要完成的课外作业。有的学生甚至干脆不上某些次要的课。而且在同一时期，这样的测验还不止一门，而是几门课程在交替进行，从而在一定时期内和一定程度上造成了教学秩序的混乱。显然，如何对待和处理平时测验是考查中的一个重要问题。我认为，要处理好这个问题，首先，教师要明确平时测验只是考查的一种方式，而不是唯一的方式。因此，次数不宜过多，要求不宜过高，更不能把它与考试等量齐观。其次，一般来说，测验应在学生平时学习的基础上进行，可以不事前通知学生。如果要使学生有所准备，那也必须是有组织有计划地进行。这就是说，在学期开始时，教师就应将测验的次数、日期列入教学进度计划，经过系领导统一平衡、批准后把各门课程教学计划向学生公布。这样，学生就可以全面地安排自己的学习计划，而不用临时突击而打乱正常的教学秩序。

第三，正确处理考查和考试的关系。考查和考试的关系有两种不同的情况：（一）某些少数课程，既有考试，又有考查。这类课程，如果考查不合格，就不得参加本门课程的考试。这是因为这类课程一般是实习、实验、课外作业较多的主要课程。这类课程的考查，更多地关系到知识的运用和基本技能的训练问题。如果考查不合格，这就说明学生根本没有学好这门课程，所以不得参加这门课程的考试。（二）多数课程，有考查就没有考试，有考试就没有考查。所谓有考试就没有考查，是说不在考试成绩之外再给这门课程评定考查成绩。但这并不意味着教师就可以不对学生的平时学习进行检查、考核。规定为考试的课程，在考试之前固然要进行全面系统的复习，但是督促学生在平时认真学习、完成各种作业还是很重要的。所以，尽管是只考试、不考查的课程，教师仍然要如上面第一点所说的，必须对学生平时的各种作业进行认真的检查和考核。而且在对考试评分时，还应适当地参考平时成绩，使平时成绩在考试评分中占有一定的比重（当然，考试评分应以学期末考试的成绩为主）。这对督促学生重视平时学习，及时认真地完成各种作业，踏踏实实地学好功课是有好处的。

总之，考查的进行是与整个学期的教学进程相终始的。考查成绩的评定必须以学生平时完成实习、实验、课外作业和参加课堂讨论的情况以及平时测验的结果为主要依据，而不能依靠集中的测验，把测验变成变相的考试。在运用考查这一环节时，既要严格要求，又要实事求是；既要通过考查督促学生认真学习，又要注意劳逸结合，不使学生负担过重；既要检查学生掌握知识和技能的程度，又要根据检查结果采取措施，改进教学工作、提高教学质量。

关于考试、考查的问题

学校领导和系主任会议决定，要我来和同志们谈谈关于考试、考查的问题。学校最近公布了《关于考试、考查的几项规定（草案）》（后文简称“草案”），来征求大家的意见。我就结合这个草案谈谈我个人的体会和意见，作为讨论考试、考查问题的一次发言。我今天主要是谈考查的问题。因为在这个问题上，大家意见还有分歧，做法也不一致。我把我的意见提出来，供大家参考，并请批评指正。

一、考试、考查的目的

考试、考查是教学的一个环节，它跟课堂讲授、实验、习题课、课堂讨论、学生自习等配合起来，完成教学计划、教学大纲所规定的教学任务。严肃认真并正确地进行考试、考查是提高教学质量的手段之一，也是保证为国家培养合格师资的一个重要条件。

考试、考查的目的可以分为两个方面：就学生方面来说，考试、考查在于考核学生的学习成绩，督促学生学好功课。这就是说，考试、考查对学生的学习起着检查、督促的作用。就教师方面来说，通过考试、考查可以看到自己的教学效果，发现教学中存在的问题，从而研究和改进教学工作，进一步提高教学质量。所以，从教师的教和学生的学两方面来说，在教学过程中，考试、考查是不可缺少的重要一环。

二、我校考试、考查的情况和问题

（一）考试

一九五七年以前，一部分课程曾经采用口试，一部分采用笔试。一九五七年以后，差不多都采用笔试了。为什么一九五七年以后没有采用口试呢？主要有两个原因：一是班大人多，进行口试有困难。二是在一九五七年时，高教界对笔试、口试的问题有争论。前高教部不再强调一定要用口试，而教师们也习惯于用笔试，因而一度盛行的口试，便在我校中断了。这是过去的大概情况。

现在我就考试方面谈三个问题：

第一，关于考试的方法问题。

考试的方法，一般来说，口试比笔试更能较正确地检查学生对所学知识的理解程度和实际运用的能力。但由于课程的性质，有时还必须采用笔试（如检查外语写作能力）；而在班大人多的情况下，采用笔试也比较方便。但是，完全废止口试，一律采用笔试，这就完全否定了口试所具有的优越性，我看也未必适当。我的意见，还应该根据课程的性质和学生人数的多寡，能用口试的还是采用口试。所以，我同意“草案”的规定：可以采用口试，也可以采用笔试，还可以兼采口试和笔试。这样规定具有灵活性，同时仍把口试规定为考试方法的一种，说明在我们学校里还应当进行口试。有的单位在讨论考试、考查的办法时曾经建议：最好明确规定哪些课程用口试，哪些课程用笔试。我们认为，不宜作那样硬性的规定，硬性规定有时不好执行。这最好由系里根据具体情况和可能条件逐年安排。就一般情况说，六十人左右的班级，采用口试没有什么困难。在六十人的班级进行口试，每天平均考试二十至二十五人，三天就可以考完。两周的考试时间，考三门课是完全可能的。口试对学生来说，一开始不习惯，难免有些紧张；但习惯以后，并不比笔试负担重。对教师来说，在考试期间，工作强度当然要高些。但是，口试毕竟有它好的地方，我们今后还是应当逐步地采用。

第二，评定考试成绩的问题。

“草案”规定，按四级（优等、良好、及格、不及格）评定考试成绩。有的同志感到笔试按四级评定成绩不好评，用百分法要方便些。这也是事实，笔试试卷按题计分，百分法的确是方便些。但是，考虑到四级评定行之已久，已成习惯，而且一般高等学校都还是用四级制。同时，我们还要进行口试，而口试必须按四级评定成绩。所以，我认为“草案”规定考试成绩仍按四级评定是恰当的。

第三，每学期考试门数问题。

各系教学计划规定：第一学期考两门，第二学期考三门，时间都是两周。根据高教部过去的规定，考试的课程应有二至四天的复习时间。按这个规定计算，每学期考三门是可能的。这个问题将来还可以研究。

（二）考查的情况和问题

我校各系考查所采用的方法主要有两种类型：

1. 根据学生的平时作业和不事前通知的小测验。

2. 事前通知的测验。采取这种方式进行考查的比较多一些。在过去，一门课程在一学期内往往进行两次（期中和期末）这样的测验。也有更多的，也有只在期末进行一次的。通知的方式大概有两种：一是明明白白地通知，二是暗示性地通知。通知的时间也不等。有在一周以前的，有在两周以前的，甚至有在一个月以前的。测验的时间一般为一小时到两小时，个别的有三小时以上的。一般在上课时间，个别的占用晚自习时间进行测验。对测验卷采用四级或百分法进行评分，有的还把分数告诉学生。

这两种类型的考查，哪一种合适呢？我认为，前一种的考查是合适的、正常的。后一类型的考查往往产生一些副作用，带来一些问题：

首先，在一定时期内加重了学生的学习负担。由于事前通知，学生就不能不准备，而各门课程的教学依然照常进行，与此同时又要系统复习将要测验的课程，这就逼着学生不得不去挤时间，不得不早起晚睡、开夜车。有时，事前通知的测验还不止一门，那就更加加重了学生的负担。据了解，上次期中测验前后，开夜车的情况比较普遍，差不多各系都有。测验前为了准备测验开夜车，测验后为了补作业，还要开夜车。这种情况，无疑是会影响学生的身体健康的。

其次，在一定程度上打乱了正常的教学秩序，影响了其他各门课程的教学。学生为了准备测验，对应复习的新课不复习，应做的作业不去完成，集体辅导不参加，甚至不安心上课（在课堂上准备要测验的课），个别学生干脆不上课。

还有这样一种情况，有的老师本来打算进行不事前通知的测验的，但由于别的教师通知了，挤了他的课，所以他也要通知，挤一下别人的课。这样，你挤我，我挤你，看似损失相等，拉平了，谁也不吃亏，其实，各门课程都受了影响，在一定程度上造成了教学秩序的混乱。

最后，也有碍于本门课程的学习。由于准备测验，学生对新授的部分没有时间复习，作业完不成。某系有个班的同学反映：为了准备测验，有三个星期的新课没有复习，近30道作业题没有做。可见这种方式的测验，抓了旧的，丢了新的，不仅影响别的课程，也影响本门课程。

事前通知的测验为什么会引起这些后果呢？因为这种测验是一种变相的考试。所谓变相的考试，就是说，虽然在形式上、名义上不是考试，但在实质上就是考试。也就是说，考查其名，考试其实。我们从这种测验的情况可以看到：在测验之前要进行一周或几周的准备，学生要系统复习已经学过的知识，在这个基础上用一节课到两节课的时间来进行书面测验。而测验的题目在范围和难度上往往和考试题也差不了多少。这在实质上跟用笔试进行的考试并没有多大的差别。但是，考试是在课程全部结束以后进行的，它有专门的复习时间，甚至在生活上，学校都要做特别的安排。而这种变相考试则是在各门课程照常进行教学的情况下举行的，所以，它就必然地要产生上述一些不良的后果。

由于事前通知的测验所产生的上述影响，同志们一般都是了解的，也感到这里面有问题。据教务处了解，在教师中间本来就有两种主张：一种主张是不进行事前通知的测验，一种主张是要进行事前通知的测验。很明显，我，作为一个教师，是不主张进行事前通知测验的一派。有些同志为何主张要进行事前通知的测验呢？主要理由大概有两条：

一个理由是：有些课程班大人多，课时少，平时又没有什么作业，对同学学习情况不易了解。为了考查有根据，就要依靠测验，而要通过测验反映学生学习的质量，就要事前通知，使学生有准备。

另一个理由是：有些同志认为，在课程进行到一定阶段的时候，需要进行一次系统的复习巩固，以便为下一阶段的教学打好基础。为了达到系统复习巩固的目的，就需要进行事前通知的测验。

这两条理由就某一门课程本身来说也不能说不对。从教师的主观愿望来说，更是无可非议。因为教师的愿望是想通过测验，使学生能够学得更好一些，更扎实一些。教师之所以这样做，其动机显然是为了提高教学质量。这一点应该肯定。

但是，从全局看，从各门课程的学习看，从整个教学过程看，这样做的结果能不能实现提高教学质量的愿望，可能还有问题。即使你这一门课在一个时期内收到复习巩固的效果，但影响了其他各门课程的教学，降低了这些课程的教学质量。你这一门课虽然在这个时期对过去所教的部分收到了复习巩固的效果，可是同时却妨害了学生对新教部分的学习。更何况能不能收到复习巩固的效果还有待验证。据有个系的三年级（物三）的四个学习班长说：这样做，实在达不到系统复习的目的。因为当时为了应付测验现抓一把，考过就丢了。不仅丢掉旧的，新上的也丢掉了。学生的这个反映是值得我们深思的。所以，从提高教学质量来说，这样做恐怕是得失参半，甚至是得不偿失。

这样说来，是不是说，考查就可以不需要有确实可靠的根据呢？是不是说，一门课程进行到一定阶段就可以不需要进行系统的复习巩固呢？当然不能这样说。任何课程的考查都必须有确实可靠的根据。究竟应当如何进行考查，我在下面再谈。至于一门课程进行到一定阶段，要不要进行系统的复习巩固，这要由课程的性质和教材内容决定。一般来说，任何课程，特别是理科课程，复习巩固是经常的任务。前一单元没有学好，学习下一单元就有困难，甚至上一节课没有搞清楚，学习下一节课就有困难。这种情况，理科课程比人文学科更为严重。所以，在教学环节的安排上，除了课堂讲授以外，有实验课、习题课、课堂讨论，还有课外复习和作业、课外辅导等。所有这些，主要都是为了使学生消化教材，达到及时复习巩固的目的。搞好这些环节和工作，就能使学生在学习上步步为营，稳扎稳打，循序渐进。学校本学年教学工作计划要点之所以强调要努力提高以课堂讲授为中心的各个教学环节的质量，其原因就在此。不抓好各个教学环节，单靠课堂讲授这个中心，是不能完成教学任务的。这就是说，复习巩固是经常的也是重要的任务。至于某一门课程，在进行到一定阶段后，例如说一个单元，或者几个相关的单元，为了把已经学过的知识加以整理，应使之系统化。特别是为了更顺利地进行下一阶段的教学，要把某些有关的已经学过的知识加以复习巩固，加以强化，为下一阶段打好基础。这样系统地复习巩固当然也是需要的。问题在于通过什么方式达到这一目的。通过事前通知的测验，使学生进行系统复习，固然可以达到这一目的，但是它有副作用。如前所述，它不仅突然地加重学生负担，而且扰乱了正常的教学秩序，影响各门课程的教学。所以，这种方式不宜采用。这就需要研究采用其他更为合适的方式。譬如说，是否可以考虑通过课后作业（根据要求拟定作业题）、习题课、课堂讨论乃至总结复习课或其他方式进行。即使这些方式在效果上不如事前通知的测验，但是它们没有或者少有副作用，从总的方面来看，这些方式比事前通知的测验就要更合适些。

三、考查究竟应当怎样进行

考查究竟应当怎样进行才合适？这个问题，要从考查的性质和要求说起。教学计划规定每一学期哪些课程是考试，哪些课程是考查，这个规定本身就说明了考试和考查是不同的，在二者之间是有一个界限的。这个界限就表现在他们的性质、要求以及做法上面。

考查的性质和要求是什么？前高教部在1955年发布的一个文件《高等学校课程考试和考查规程中若干问题的说明》指出：考查是对学生平时作业进行总结性的检查。这就明确地规定了考查的性质。显然，考查是对学生平时完成的作业进行一次总结性的检查，平时作业需要平时检查，而考查则是给平时作业算一下总账，给它一个总的评定。可见，考查的对象是平时作业。所谓平时作业是指学生平日完成的实验和实验报告，习题课完成的习题，课堂讨论的发言（包括发言提纲），课堂提问的回答，课堂上的练习和带有练习性质的小测验以及课外作业等。这样看来，考查和考试的性质是有截然的界限的。我们要考查的是学生的平时作业，而不是考查讲授的内容。当然讲授内容和平时作业是密切联系的，也是有区别的。而考试则是检查讲授的内容，所以在考试前需要进行系统的复习。掌握这个界限，我们就可以区别什么是考查，什么是考试。

考查的性质既然是这样，对考查的要求又是怎样的呢？前高教部的文件指出：主要是看学生是否按规定正确地完成了给他规定的作业，不应该要求太高，不应该把考查变成变相的考试。只要学生按规定完成了作业，教师注意了对学生的平时检查和及时的督促与指导，考查不及格的现象是可以避免或者减少的。可见考查的要求，主要是看学生平时是否按规定正确地完成了给他规定的作业。

根据考查的性质和要求，其在做法上也应当完全不同于考试。考试要在系统复习的基础上检查学生对讲授的内容掌握的程度，所以每门课程要有二至四天的复习时间（我校拟规定为三至五天）。考查是对学生平时作业的总结性检查，因而在做法上，就是在课程快结束的时候，应根据学生平时作业的成绩进行考查。学生平时的作业成绩，教师是已经掌握了的。如果根据学生平时作业的成绩可以确定给他评为考查及格，教师就给学生这门课评定为考查及格。如果对某一学生或某些学生根据其平时作业成绩还不能立刻确定为及格的时候（因为某些规定的作业没有完成或某些作业完成得很不好），教师就要规定时间让学生把平时作业带来，就作业范围内的有关问题进行查问。也可以指定某些作业要学生当面完成（包括实验操作）。查问和要学生当面完成的作业都应该只在这一学期的平时作业范围以内。经过这样的考查，如果教师可以确定为及格，就给他评为考查及格。如果还不能确定为及格，那就另行规定时间，再给他一次考查机会。这一次，如果可以及格就评为考查及格。如果还不及格，就给他评定为考查不及格。

按四级评定考查成绩的课程，考查的方法也和上面说的一样，只不过成绩按四级评定就是了。

为了避免或减少考查不及格的现象，也为了帮助学生按部就班地踏踏实实地学好功课，必须加强对学生平时作业的检查，及时督促学生完成规定的作业，发现学生对完成作业有困难或者完成的作业有错误，就要及时加以辅导，务使学生能够及时、正确地完成规定的作业。这样，对督促学生学好功课可能比那种带有突击性的测验的效果要更好些。为了便于到期末进行考查，教师应把学生平时完成作业的情况和成绩随时记录下来。有了这样的记录，期末考查也就有切实可靠的根据了。这里有个问题，即在学生中有抄袭作业的现象。为了防止和纠正这种错误，一方面要对学生加强教育，使学生端正学习态度，并形成正确的舆论，使学生耻于抄袭别人的作业；另一方面是加强检查，发现或怀疑有这种情况就把学生找来当面考问，并严格要求学生重做。

由于考查是对学生平时作业进行总结性的检查，因而“草案”规定，一般课程由指导学生作业的教师进行考查。也就是说，由担任实验课、习题课、课堂讨论和批改学生课后作业的教师进行考查，而不由主讲教师进行。只有考试才由主讲教师主持进行。当然，主讲教师也应该关心辅导教师在这一方面的工作，对辅导教师的这方面的工作要经常进行检查和指导。如果主讲教师亲自兼任某一小班的实验课、习题课等作业的辅导，这一小班的考查就由主讲教师进行。

考查的性质、要求和做法一般就是这样。这里我们还要考虑到另一种情况，就是有些理论课程，特别是人文学科方面的理论课程，它们的主要教学形式就是课堂讲授，根本没有实验课和习题课，由于课时少，所以课堂讨论的次数也很少，课后作业当然更少。这些课程究竟应当怎样进行考查呢？这类课程的考查的确是困难的。但是，尽管如此，我认为，仍然要本着前面所说的精神进行考查，也就是说，要加强对学生平时学习的检查、督促和指导。这类课程可以经常抽阅学生的听课笔记，在课堂上适当进行提问，适当地举行课堂讨论（发言提纲也是一种作业），适当地布置一些课后作业（不能太多，不能超过这门课程应占的自习时间），在课后辅导时也可以有意识地找学生来问问。此外，根据情况还可以在一学期内举行一两次不以任何方式事前通知的测验（这种测验要求不能过高）。通过这些方式，可以对学生的学习起到检查、督促和指导的作用，也可以为学期考查取得确定可靠的根据。同时，这样做也就不会把考查变成变相的考试，从而可以保证正常教学秩序的稳定。由于理论课程的平时作业较少，所以这类课程的考查应由主讲教师进行。

从以上所谈的考查的性质、要求和做法看来，它跟考试的界限是很明确的。如果我对考查的理解是正确的话，如果同志们也同意这样做的话，那么，每学期期中、期末两次由于事前通知的测验所引起的学生紧张、慌乱现象就可以得到解决。

讲到这里，同志们可能有这样的问题：既然是这样考查，那么只考查、不考试的课程不就降低了要求吗？学生不就难以学好这门功课了吗？关于这个问题我是这样理解的：第一，如果一门课程在学期结束时都在系统复习的基础上进行一次考试，那当然很好。但是一个学生在一学期内同时学习的课程，一般有四至七门，要在学期结束时每门都考试一次，那就不是两周的考试时间所能办到的。如果延长考试时间，那就要相应减少上课时间。这样一来就不可能完成教学大纲的教学任务。如果在两周内把门门功课都考到，那是学生的精力所负担不了的。因此，这就要根据课程的性质和时间条件，选择某几门课程进行考试，而另一些课程则进行考查。在这个问题上，我们同样是不能有平均主义的。第二，考查的要求比考试的要求低些，这是应该承认的。不承认这个高低，我们就会把考查变成变相考试。但是考查的要求低些是与考试比较而言的，我们不能由此得出结论：作为考查的课程，在教学上的要求也应该比作为考试的课程低些。我想我们不会做这样的理解。任何一门课程，不论是作为考查的课程，还是作为考试的课程，都要按照教学大纲的规定，严格地要求学生学好，都要加强对学生平时学习的检查、督促和指导，决不能因为不是考试的课程，在教学上就放松对学生的要求。当然，严格要求必须与实事求是相结合，必须注意学生的可能条件，考虑学生的学习负担。只要我们本着认真负责的态度，坚持严格要求与实事求是相结合的精神进行教学工作，即使不是考试的课程，也是可以使学生学好的。

此外，还有一个问题：考查与考试的关系怎样？即平时成绩和考试成绩的关系问题。有的同志提道：平时成绩与考试成绩怎样计算？根据教育部的有关规定，平时成绩只作为考查的根据，不计算在考试成绩之内。这里可能发生这样的情况：有的学生平时不认真学习，不能很好地完成各项规定的作业，只凭临时突击和强记，而在考试时侥幸地取得很好的成绩；相反地，有的学生平时学习认真，平时作业的成绩很好，而由于偶然的原因，在考试时反而得到不好的成绩。当然，这两种相反的情况只能是个别的，不可能是普遍的。但毕竟有这种可能。为了防止这种现象发生，我看，可以采取两方面的措施：一方面加强对学生平时学习的检查督促，对某些规定为考试的课程应该执行“考查不及格者，不得参加考试”的规定。关于这一点，在各系教学计划中没有作明确的规定，这是一个缺陷。我建议各系可以考虑研究做出补充规定。另一方面，应在考试时注意这个问题。在口试时，如果教师怀疑学生是偶然地回答得好或偶然地回答得不好，教师可以提出补充问题来考问学生。现在我们一般都用笔试，自然无法这样做。但教师也可在命题时加以注意，即出的试题应该反映本门课程最基本最重要的内容，同时注意题目要具有思考性，不是单纯记忆的，而是要学生综合运用所学的知识。从这两方面加以注意，就有可能防止学生平时不认真学习，临时突击应付考试的现象。

关于如何进行考查我就说到这里。

最后，我还有两点意见，提出来跟同志们商榷一下：

第一，我今天的说明只是我个人的意见。这些意见难免有不正确的地方。关于如何进行考试、考查这个问题我们还可以进行讨论研究，可以发表不同的意见，提出自己的建议。这些意见和建议可以供学校领导研究，作为进一步修订《关于考试、考查的几项规定（草案）》的参考，使我们的考试、考查制度逐步完善起来。但是，我认为，我们应当把对问题的讨论和对学校决定的执行区别开来，特别是关于本学期期末考试、考查，系主任会议已经做了决定，我们就要按照这个决定执行。

第二，我今天是在教师会上就考试、考查的问题说明我个人的意见，其中有些内容，特别是关于考查的要求和做法问题只能作为同志们的参考，不宜给学生说，以免引起学生的不正确的理解，产生副作用。这一点，要请同志们原谅。

加强平时成绩考查是提高教学质量的有效手段

一、引言

在中学暂行规程（草案）中曾规定：学业成绩考查有平时考查、阶段考试和学期考试。计分方法暂用百分制。有条件的学校经教育行政机关核准的试行五级分制计分法。这个暂行规程草案是一九五二年制定的，然而也已明确指出了百分制的暂时性和五级分制的方向性。

几年来，在党和人民政府领导下，我们学校中的教学改革工作已经取得了巨大的成绩，我们的不少学校和教师在教学工作上也已积累了相当丰富的经验。然而这些成就还远不能满足我国社会主义建设发展的需要。客观形势要求我们更快地提高教育和教学的质量。

我们芜湖市各中学自下学年起，将要采用五级分制计分法。这是教改工作向前跨进的新的一步。五级分制的采用，当然不是用来单纯地代替百分制，而是意味着教学方法的改进，特别是意味着我们在教学工作中将要加强平时成绩考查。

中央教育部在一九五五年七月发布的《关于减轻中小学学生过重负

担的指示》中指出：减轻过重负担的措施就是加强平时成绩考查及改善考试制度（将只举行学年考试和毕业考试）。而考试制度的改善必须以加强平时成绩考查为前提。因此，我们必须承认，采用五级分制、加强平时成绩考查是教学改革工作中的重要步骤之一。

可是，有些人认为教学改革只是教学内容的改革，以为只要教学内容改好了（就是说，只要教学内容有了高度的思想性和科学性），教学改革的工作就完成了。至于方法，那是形式的问题，改不改没有多大关系。是的，教学内容是主要的，是具有决定性的东西。但是形式和内容是相互联系、相互制约的。

马克思主义教导我们：内容决定形式，内容的改变便要求改变形式。在事物发展过程中，形式落后于内容，这乃是合乎规律的。不过，形式落后于内容只能是暂时的，因为旧形式阻碍着新内容的发展，新内容要求抛弃过时的旧形式，采取符合其本身发展的新形式。

在我们学校的教学工作中固然有不少老师改进了教学的方法，取得了显著的成绩。可是有更多的老师还是习惯于用旧的“先生讲，学生听”的方法进行教学。学生听懂了没有，接受了多少，老师一概不管。只有到阶段考试、学期考试和学年考试的时候才来对学生考查一下，根据试卷给每个学生批一个分数，向教导处一递了事。这种方法不仅不能让学生获得系统的、深刻的、牢固的知识，而且也大大地阻碍了学生的智力、才能的发展。这样的旧形式是和我们新的教学内容不相符合的。我们必须抛弃旧形式，采取新形式。这就是我们要采用五级分制、加强平时成绩考查的原因。

二、平时成绩考查在教学工作中的意义

第一，加强平时成绩考查之所以有助于提高教学质量，在于平时成

绩考查是教学过程中所不可缺少的一部分。我们大家都知道教学工作中的一条基本规则：从已知到未知。这个规则说明学生掌握新的知识是在已有知识的基础上进行的。因此，一个教师在教学时，应该确信他所教过的知识已经为学生自觉地牢固地掌握了，随后他才能进行新教材的讲授。如何才能确信所教过的知识已经为学生所掌握了呢？那就需要对学生的知识随时进行考查。这就是说，在进行新的一节课或新的题目的讲授之前必须进行考查。只有明确学生对已经学过的知识究竟掌握到了什么程度，才能考虑下一教学步骤：开始讲授新教材，或者是对学生还没领会的部分知识再重复一下。

如果教师不进行平时成绩考查，只凭自己的主观判断，认为自己所教的东西学生都已掌握了，因而只顾讲下去，其结果就是使得学生知识中的缺陷不能得到及时的纠正，以致形成学生成绩落后和留级现象。只有加强平时成绩考查，才能防止这个现象的发生。

第二，平时成绩考查是激励和督促学生勤奋学习的有效手段。这要从两种情况来说：一种情况是学生往往对自己的学习成绩可能发生错误的估价，以为自己听过课了，做过作业了，认为自己已经学习得很好了。通过考查，就可以帮助学生正确地估价自己的成绩，可以使他知道在学习上还有哪些缺陷和不足，从而促使他更加用功地学习。另一种情况是中学生，特别是初中生，他们的注意力还不稳定，意志还不坚强，往往容易为别的有趣的事情（如游戏和娱乐）所吸引，以致荒废自己的功课。加强平时成绩考查就可以督促他们不断地用功学习。

第三，平时成绩考查也是巩固知识的手段。检查复习是教学过程的一个环节。当教师提问一个学生时，全体同学都听着他的回答，在意识中默默地分析着他的答案，必要时还对他的答案进行补充和纠正，同时还听着教师对这个答案的分析和评定。这样，不仅使被提问的学生，也使所有学生都再一次复习和巩固了已学的知识。

第四，平时成绩考查对教师工作本身也有重要意义。它使教师能够及时了解学生掌握知识的情况，了解学生哪些部分掌握得不好，需要在复习的时候加以注意；哪些学生对哪些教材掌握起来有困难，需要对他们进行帮助。同时，通过考查，也就能衡量自己的教学质量，及时发现自己工作中的优缺点，从而设法提高和改进自己的教学工作。

由此可见，为了提高教学质量，使学生获得系统的、深刻的、巩固的科学知识、技能和技巧，培养他们对学习的责任感和坚持不懈的工作习惯，我们必须加强平时的成绩考查。

三、平时成绩考查的方法

教育部在《关于减轻中小学学生过重负担的指示》中指出：加强平时成绩考查——注意日常观察、增加及改进课堂提问、必要时举行简要轻便的书面考查。以下就日常观察、课堂提问和书面考查三方面来谈谈如何进行平时成绩考查。

（一）日常观察

日常观察是在学生的日常学习生活中注意他们的表现。例如，在课堂提问时，观察学生对同学回答的补充；在讲授新教材和巩固知识时，观察学生是否积极参加谈话以及谈话中回答问题的质量；在课堂作业和家庭作业中，观察学生如何进行作业；对学生家庭书面作业进行检查时，也同样提供观察的材料。

教师对学生日常观察的结果并不给予评分，也不记入教室日志，而是记载在教师自己的笔记本中。这些材料可以帮助教师更全面、更精确地评价学生的知识掌握情况（在学期和学年总结评定时应该参考这些材料），帮助教师提高学生的成绩并弥补学生知识中的不足和心理特征上存在的缺陷。例如，观察哪些学生对某些教材掌握得很好；这些教材是需要理解的还是只需要熟记的，是抽象的还是具体的。学生所掌握的教材的性质也就反映着他们思维的性质。通过这种观察，就可以帮助教师设法消除学生思维中的缺陷（如只能机械地记忆教材，只能掌握具体教材，等等）。

（二）课堂提问

课堂提问是考查学生知识的一种最好的形式。这是因为：第一，它非常灵便，每节课都可以进行，而且它本身包括着各种不同的方式——口头回答，在黑板上解答问题、演算或绘图，根据挂图或使用仪器回答问题等；第二，它使教师和学生之间保持直接接触，教师可以提补充问题，从而能更深入、更彻底地考查学生的知识掌握情况；第三，由于学生面对全班回答问题，因而所有其他学生也就不知不觉地复习了这些教材，达到巩固知识的目的。

在课堂提问时，被提问的学生应该到讲台前，面对同学回答问题。这样，可以加强学生回答问题的责任感，同时也便于他利用黑板和直观教具来回答问题。此外，面对同学回答问题，还可以免得在后排学生回答问题时前排学生要把头回过去。

提问的内容不能仅限于上一节课所讲的，还必须提问以前学过的东西。否则，过去所学的知识就不能得到巩固。教师提问应该彻底，不能满足于学生简单的回答。因此，提问一个学生就需要四五分钟到七八分钟。在一节课上，教师用十至十五分钟的时间可以提问两三个人。每个学生回答以后，教师应该给他评分。

不过，单是这样的提问是不够的。如果一班学生有六十人，每节课提问两三人，那么要二十节至三十节课才能对每一个学生提问一次。这样，一些学科（特别像历史、地理等每周只有两小时的学科）在一学期中只能对每个学生提问一两次。这不但不能正确地考查学生掌握知识的质量，而且也不能起督促学生学习的作用。因此，我们除了必要时采用上述方式之外，还要采用一些能扩大提问人数的方式——密集提问和迅速提问。

密集提问是教师在同一时间内叫起几个学生进行考查。譬如说，教师一次叫起五人，让两个学生在黑板上手写回答问题，两个学生在讲桌旁或在自己的原位上书面回答问题，让另一学生口头回答问题。在口头回答以后，教师再依次检查和评定在黑板上和原位上书面回答的答案，或者向他们提出几个简单的补充问题以后再予评分。如果时间长一点（十五分钟至二十分钟），可以提问两轮。这样，在一节课上就可以提问十个甚至更多的学生，并给他们评分。

密集提问的优点是使一部分学生有充分时间准备答案（尤其对不善于立即用口头回答的学生），同时可以节省时间，在一节课上能提问很多的人。这对每周上课时数少的学科（一小时或两小时）具有特别重要的意义。然而这种方式也有它的缺点：首先，对教师说来，他要同时注意几个学生的答案（既要听口头回答，又要注意黑板上的答案），这就需要很好的注意力和记忆力。其次，对在黑板上和原位上书面回答的学生来说，他们不能听到口头回答的学生的回答，因而脱离了全班的整个活动，不能复习教材；而对其他学生来说，也使他们分散注意力（在听口头回答时，难免有时也要注意黑板上的答案）。因此，这种提问方式有它一定的价值，但不宜过多地运用。一年以前，我在上海看到有些教师学会了这种提问方式以后，每一节课上都是密集提问。其原因就是在于他们只看到密集提问的好处，而没有看到它的缺点。

迅速提问的特点是答案简短精确，进行得很快。教师向全班提出一个问题后，指定某一学生在原位上回答。为回答得正确，教师就迅速地向全班提出下一问题，指定另一学生回答，并如此继续下去。这种提问的好处是：学生要回答各种不同的问题，知识被检查得更广泛，被提问的学生人数更多。因此，它对检查学生是否经常系统地复习功课，以及督促学生经常复习功课都有很大的作用。然而它的缺点是回答简单，不能深入问题的本质。

由于迅速提问的问题简单，因而不能对回答了一个问题的学生就给予评分。应该视问题的困难程度，在学生作了两次、三次或四次回答后（不是连续的）合并给予评分。对于只问了一次的，可以记下参考，等下次再问时累积起来计分。

因为课堂提问是考查学生知识最灵便、最基本的方法，这里有必要谈一谈对教师提问和对学生回答的要求。就是说，教师应该如何提问，学生应该如何回答。

对教师提问的主要要求：

第一，教师提问应该是有计划、有准备的，问什么、问的目的、问谁，都要事先加以仔细考虑。提问的问题和要问的学生姓名，都应写在教案或课时计划中。应该注意不要按固定的次序提问，以便使学生经常复习功课，随时准备回答教师的提问。

第二，提问的问题不能单纯侧重记忆，而应该着重学生对教材的理解。只有在理解的基础上记得牢的知识才是自觉的牢固的知识。因此，提问的问题应该是着重于说明因果联系，或进行比较，或要学生举例说明问题。如果对学生的理解程度还有怀疑，必须提出补充问题，以便了解学生对教材是机械的记忆还是真正的理解。

第三，问题措词要简单明了，通俗易懂，而不需要进一步的解释（复杂的问题可以分成几个小问题）。应该注意“简单”和“明了”必须结合。例如，“中国和日本有什么不同?”虽简单却不明了。应该问：中国的社会制度和日本的社会制度有什么不同?

第四，提问的问题不应该是暗示性的。也就是说，不能把要求回答的主要内容包含在问题内。例如，“伟大的十月社会主义革命发生在一九〇五年，还是在一九一七年呢?”这就是暗示性的问题。

第五，提问时应根据学科特点，要求学生利用直观教具回答问题。例如，历史、地理课上应该要求学生指着地图回答问题，在物理、化学课上则要求学生在回答问题时使用仪器进行简单实验。

第六，提问时应先向全班发问，让大家想一想再指名回答。同时应该注意要让学生合上书（顺便提一下，应该让学生养成这样的习惯：上课时，在教师没有招呼打开书的时候，绝不打开书），并且注意不要学生齐声回答（即使在用谈话法讲授新教材的时候）。

第七，学生在回答时所犯的任何一个错误都必须纠正。黑板上也不许留下不正确的演算或答案。教师应该使学生明白错在什么地方，使他得到改正。如果他感到困难，不能改正自己的错误，那就可以让第二个、第三个学生回答，以期得到最完满的答案。如果很多学生都不能回答，教师应该自己作出答案，并加以补充说明。

第八，如果学生回答得很全面、很正确，教师就不必重复学生的回答，但要对他的回答加以分析，好在哪里，还有哪些不足的地方，然后予以评定。如果学生回答得很乱，教师可以把内容重复一下，并加以总结。

至于对学生的要求，首先，要求他们回答得正确、完全，要求他们就所提问题的范围系统地详尽地回答问题，不要问一句答一句。其次，要求学生的回答应该是清晰的，能够为全班同学所听到，同时也要求全班学生静听同学的回答，随时准备对同学的回答进行纠正或补充。

（三）书面考查

书面考查主要是检查学生在掌握语文方面和数学演算以及解答理化习题方面的技能、技巧。当然，在完成书面考查作业的时候，学生必须依靠语文、数、理、化等学科方面的规则、定理。这样，书面考查不仅检查了学生掌握的这些学科方面的技能和技巧，也检查了这些学科方面的知识。

书面考查还有一个好处：在短时间内（一节课或一节课的一部分时间）能够检查全班的学生，这是课堂提问所不及的地方。因此，对于其他学科来说，也还是可以适当采用的。

书面考查的进行可以预先告诉学生，也可以不预先告诉学生，视具体情况而定。

为了避免学生的负担过重，应该注意：不可滥用书面考查（特别是除语数理化以外的其他学科）；同时要作合理的安排，使各科书面考查不致集中；特别重要的是注意书面考查的“简要轻便”。

进行书面考查必须正确地估计作业所需的时间。不管一节课的时间也好，或者是十分钟、二十分钟也好，都应仔细考虑，使作业能在规定的时间内完成。这个时间，不仅使学生可以完成作业，而且还要使他们在完成作业后有可能把自己的作业检查一遍。但是，事实上往往是时间到了，不少学生的作业还没有做完，教师只好连催带抢地把卷子收回来。这样做，会产生怎样的后果呢？第一，学生做完了，没有时间检查；第二，没有做完，卷子被收去了。这两种情况会产生同样的问题：没有做完的部分或有错误的部分，是学生根本不懂呢，还是由于时间不够来不及做完或来不及检查修正呢？教师很难断定。因此，这样的书面考查就不能真实地反映学生的知识掌握情况。此外，如果是一节课的考查时间，不正确地估计往往就会拖堂，占用课间休息时间，以致影响下一节课的教学效果，也影响学生的课间休息。

进行书面考查必须保证作业的充分独立性。因此，需要出两种以上的不同的题目，使同坐一位的学生无法“互相帮助”。当然，如果教师确信这个班上的学生都有很高的觉悟，班上已经有了健全的舆论，确信自己的学生都是忠诚老实的，那么，出一种题目也就没有什么关系。

在书面考查进行之后，教师必须尽快地、详细地批阅作业卷子，及时分析、纠正。因为新教材的讲授要根据学生对过去所学教材掌握的情况而定，同时学生知识中的缺陷也要及时补救。教师批阅考查卷子就能了解哪些错误是共同的，哪些错误是个别的，也可以了解哪个学生对哪一部分教材掌握得不好，从而确定哪些错误应向全班分析纠正，哪些错误只需个别纠正，以及如何采取措施对那些掌握得不好的学生进行帮助，以便及时消除学生知识中的缺陷。

四、对学生成绩的评定

（一）五级分制计分法

先来谈一谈五级分制计分法的优越性。

我们过去都习惯于用百分制计分法来评定学生的成绩。百分制从零分到一百分，有一百零一个等级。如果再用小数点，那就有成千个等级了。看起来，好像很精密，很科学。实际上却是非常主观，非常不科学。我们都做过多年教师，也多年使用过百分制。试问五十九分与六十分之差、一百分与九十九分之差、八十四分与八十五分之差，甚至七十分与八十分之差究竟有什么客观根据呢？同一张试卷，不同的阅卷人会评不同的分数。其原因就在于百分制的每一个分数没有也不可能有一个统一的标准。由于这个原因，它特别不适用于课堂提问的评定。当一个学生回答了问题时，我们很难说给他七十分合适还是七十五分合适，抑或是七十六分合适。

关于百分制的主观性，资产阶级教育学者也无法隐讳。有一位美国的教育学者举了这样一件真实的事例：有一次，许多历史教授评阅历史试卷，其中一位教授自己做了一本示范卷，后来不经意间把这本示范卷与其他试卷混在了一起。另一位教授拿来评阅，竟给它评了一个不及格的分数。为审慎起见，其他教授重复评阅这本不及格的卷子，结果它所得的分数自四十分至九十分不等，相差五十分。这一事例足够说明百分制的不科学了。

五级分制计分法就不同，它的等级差别非常明显，每一个分数都有统一的客观标准。它不仅对教师是明确的，对学生、对学生家长也是明确的。所以，我们说五级分制是科学的计分方法。

百分制不仅是不科学的，而且它对思想教育也有不利的影响。由于百分制的等级多，计算繁琐，就必然形成名次的区分（一厘之差就有名次先后之分）。这对资本主义社会鼓励个人竞争，培养自私自利的个人主义是有帮助的。可是，它对于我们学校培养学生的集体主义精神却是非常不利的。而五级分制计分法却消减了名次区分，鼓励每个学生都取得优良成绩。

（编者注：因原稿丢失，此文章内容不全。）

正确地检查和评定是提高学生知识质量的有力武器

一、引言

在苏联专家的指导下，我们——教育学研究班的一组近修生和研究生们，在华东师大附中进行了关于检查和评定学生知识掌握情况的研究。

在研究工作中，我们得到了华东师大附中行政负责同志、班主任、各科教师以及同学们的协助和支持。没有这种协助和支持，我们的工作是不能进行的。在这里，我们谨向他们致以谢意。

同志们！我们为什么要选择这样一个题目来进行研究呢？这里，我要简单说明一下研究检查和评定学生知识掌握情况这一题目的原因和目的。

在进行这个研究工作之前，我们曾经对中学上课进行了一些观察和分析。观察和分析的结果表明，在上海的中学中存在着一个迫切的问题——教学方法落后于教学内容，也就是内容与形式的矛盾区分。新中国成立五年多来，人民政府对学校工作进行了一系列的改革，首先是教学内容的改革。现在，我们的教学内容已经具有了一定的科学水平和政治思想水平，有些学科已经有了教学大纲（草案），而所有学科差不多都有了经过一再修正的教科书。从教学内容方面说，我们已经有条件培养出符合社会主义建设要求的新的一代。

然而，今天的问题在于教学方法落后于教学内容。虽然我们已经有了新的教学内容，但在学校中所用的方法一般还是旧时学校所用的那种老方法。教师只管自己讲，不管学生有没有接受。这种只管教、不管会的老方法不仅不能使学生获得系统的、深刻的、牢固的知识，而且也大大地阻碍了学生智力、才能的发展。这种方法和我们新的教学内容是不相符合的。

马克思主义教导我们：内容决定形式，内容的改变便要求改变形式。在事物发展过程中，形式落后于内容，这也是合乎规律的。不过，形式落后于内容，不能太久。因为它阻碍着新内容的发展。新内容要求抛弃过往的旧形式，采用符合其本身发展的新形式。

在我们的学校工作中，旧的教学方法，即旧的形式，阻碍着新的教学内容的发展，影响着教学的质量。教师对学生的教育，平时不去检查，只顾自己往下讲，结果到考试的时候才发现问题，然而已经晚了。而且，中学生的学习还不能说是自觉的，如果不进行经常检查，不迫使他们用功的话，他们就会拖沓。这样就容易形成知识中的漏洞，这种漏洞到以后就难以弥补，以致造成成绩不良现象。在高等学校中，我们发现许多刚从中学升上来的大学生有很多知识没有很好地掌握，其原因就是在中学时期老师没有培养他们系统、牢固地掌握知识。

因此，我们根据所发现的问题，分析产生这种问题的原因，以及当前的迫切需要，就选择了这个研究的题目。我们研究的目的，就是希望通过这个研究工作，能够提出一些有助于教师工作的意见，以提高教学工作的质量，克服教学方法落后于教学内容的现象。但是必须先声明，我们在报告中所提到的一些带有结论性的意见是初步的、不成熟的，而不是最后的结论。

二、检查和评定在教学工作中的意义

检查和评定的作用，我想诸位都是了解的。特别是华东师大附中试行教室日志已经有两个学期，诸位在实践中一定有很多的体会。

不过，这里我们还需要对它的意义强调一下。

为什么要对学生的知识进行经常的系统的检查呢？

一方面，这是教学工作过程本身所要求的。一个教师在教学时，应该确信他所教过的知识已经为学生自觉地牢固地掌握了，他才能进行新的教材的讲授。新的知识是以已有的知识为基础的。如何才能确信所教过的知识已经为学生所掌握了呢？那就需要进行检查。就是说，在进行新的一课或新的题目讲授之前，必须进行检查，并加以评定，以确定学生对已经学过的知识掌握到什么程度。如果发现他们知识中还存在着漏洞的话，那么，应该向他们指出弥补知识中这些漏洞的途径。

如果教师平时不检查学生的知识，只顾着自己的主观，认为自己所教的东西学生都已理解了，因而就只顾讲下去，那就势必造成学生知识中的漏洞。日积月累，这些漏洞就成为学生在学习途中不可克服的障碍。

另一方面，检查知识又是巩固知识的手段。教师当着全体学生提问一个学生，全体学生都听着和分析着他的回答，必要时对他的回答进行补充和纠正。这样，不仅使被提问的学生，而且也使所有学生的知识都变得更确切、更有系统和更为深刻了。

以上是关于知识检查的教养意义。同时，它还有深刻的教育意义。

我们知道，系统地检查知识可以促使学生经常准备功课，在上课时更加用心地听教师讲课，养成他们系统工作的习惯和坚持不懈的意志。

在这方面，我们从所观察的学生的材料中发现了很有趣的例子。我们发现，有些中等程度和成绩较差的学生，他们对不经常提问的学科就不经常准备它。有些学生掌握了教师提问的规律，例如个别老师按点名册的顺序提问，只要轮不到他们，他们就可安心不准备功课了。有的学生在一次课上被提问过，他就不准备下一次课的提问了。这些例子说明，中学的孩子们学习还不怎么自觉，必须正确地经常地检查他们的知识，迫使他们用功。

当然，经常检查和评定学生知识掌握情况，使他们看到自己知识中存在的漏洞，也看到自己在学习上的进步和成就，就可以激励和鼓舞他们更加勤勉地学习。

检查和评定的教育意义还在于以批评和自我批评的精神教育学生，这一点也是很重要的。

此外，检查学生的知识掌握情况对教师本身也有重要意义。它使教师能够及时了解学生掌握知识的情况，及时了解哪些内容学生掌握得不好，应该在补习的时候注意它；哪些学生对哪些内容的掌握有困难，应该对他们进行帮助。这样，教师就可以及时地消除教学工作中的障碍，顺利地前进。

三、检查的主要形式

（一）种类

对学生知识的检查有学年终、学期终和学期中间的检查，也有在一个大题目讲完后的检查，而最主要的是经常进行的日常检查。经常进行的日常检查之所以必要，我们在前一部分中已经讲过了。不过，经常进行的日常检查必须以学过一个大题目后的检查来作结束。因为通过大题目讲完后的检查可以使在每一节课中所掌握的带有零碎性质的知识成为有系统的知识。

（二）主要的形式

知识的检查主要是以口头的和书面的形式来进行。

我们说口头的形式，即口头提问。

口头提问是最灵便、最基本的检查知识的方法，在苏维埃学校中是最普遍最通行的。其之所以如此，是因为它可以采用多种不同的方式：口头回答、在黑板上回答问题、演讲或绘图、研究挂图、使用仪器、在书中找出需要的一段等。口头提问可以向学生提出辅助性的问题，因而可以更全面及彻底地检查每个学生的知识掌握情况。

口头提问的形式是多种多样的，主要有逐课提问、密集提问、迅速提问、区别提问、集中提问。现在分别说明如下：

1. 逐课提问——这种提问是教师在每节课上根据上节课所布置的家庭作业提问几个学生。我们在华东师大附中所观察到的一般都是逐课提问。这种提问是必要的，因为它可以逐课检查、逐课巩固。但是也有它的缺陷：首先，它所提问的仅限于上节课所教的教材；其次，它每次提问的人数很少。因此，为了避免由于单纯应用这种形式可能产生的缺陷，此方法应该与其他形式结合起来应用。

2. 密集提问——这种提问是教师在同一时间内叫起好几个学生。华东师大附中有好几位教师都采用了密集提问，这里我想举两个例子：

第一个例子是在初二戊的地理课上（十一月廿八日），教师在提问时，将事先印好的空白地图拿出来让六个学生填写河流、山脉名称，让三个学生书面回答问题，让两个学生在黑板上回答问题。在这些学生进行作答的同时，教师又先后口头提问了两个学生。除填图和书面回答问题的学生以外，教师都当场记了分。全部时间十三分钟，共计检查十三人。

第二个例子是高三甲的物理课上（十一月廿日），教师把四张预先写好问题的卡片发给四个学生做书面回答，一面口头提问两个学生（每人一个问题——很简单）并记了分。然后叫两个学生（先后）上讲台，一个用比重器，一个用伏特计测量蓄电池，看要不要充电，但没有评分。然后又提出一个问题让一个学生口头回答，没有回答好，又先后让两个学生补充，对这三个学生也都记了分。全部时间十二分钟，检查十一人。

这两个例子，一般来说是好的，因为在一堂课上采用了多种方式进行了密集提问，为密集提问做了一个良好的开端。但是并不等于说他们已经做得完美无缺了。譬如说，提问的时间太少，每个人只问了一个问题，甚至是很简单的问题就给予评分。至于应该问多少时间、问多少人，这并没有固定的标准。一般来说，在一节课中，花二十分钟时间可以提问八个人到十二个人，即每次同时叫起四人至六人，每个人给他不少于三至四个问题。

密集提问对于每个上课时数较少（两小时）的学科是非常重要的。然而这一方法也有它的缺点，那就是给教师和学生带来若干困难。就教师方面说，他既要注意被提问的学生，又要注视全班；既要让一个学生回答，又要读另一个学生的答案；既要记住所有被叫起的学生的答案，又要迅速了解到接着应该问谁以及怎样问。这样教师就需要有很好的注意力和记忆力。就学生方面说（指未被提问的学生），他们一会儿注视一个人在黑板上做的答案，一会儿又注意另一个人的口头回答，这样就使他们应接不暇，难以分配注意力。因此，教师和学生方面都要有很好的准备，以便使提问在较快的速度下进行。

3. 迅速提问——迅速提问是教师向全班提出问题，在大多数学生举手后，指定一人在座位上回答。如果回答得正确、完全，教师就迅速地向全班提出下一问题，并这样继续下去。

这种提问的特点是答案简短精确，进行得很快。它的好处是：学生要回答各种不同的问题，知识被检查得更广泛；被提问的人数多；全班同时分析一个人回答，如果回答有错误、不完全，全班学生马上可以提出纠正、补充。这种提问对于检查学生是否经常系统地学习有很大意义。然而，它的缺点就在于不能深入问题的本质。

迅速提问，视问题的困难程度如何，在学生做了两次、三次或四次回答后，给予评分。对于只问了一次的，可以记下参考，累积起来计分。

高二丙俄文教师采用了迅速提问。她在十一月廿四日的课上，十五分钟内提问了十二个学生，每个学生都问了两个、三个或四个问题。问题的内容是拼单字、造简单的句子、中译俄、用俄语回答问题等。教师评了分，但未宣布（这里说一下，对学生计分是应该宣布的）。

当然，迅速提问并不是要对学生连续地问几个问题，而是做几次问。

至于就问题的性质而言，在各科教师中，我们都发现了许多问题是迅速提问性质的。例如在上述密集提问例中，高三甲物理课的问题："什么叫作蓄电池的容量？容量的单位是什么？"又例如，这样的一些问题："为什么叫作死海？""西南亚周围有哪些海？"（地理）"什么叫作质量？""怎样测量一个物体质量的大小？"（物理）都属于迅速提问的性质，它只要求简短精确的回答。如果对这样的问题，问一个问题就给予计分，这是不能正确反映学生掌握的知识质量的。

4. 区别提问——这种提问要求针对学生的缺点来进行，即如某一学生学过了某一部分的教材，然而他并没有掌握它，那么就需要问他这一部分。某一学生向来只死记规则而不擅于理解它，那么就要着重地往理解、往因果关系方面去问他。这就要求教师对自己的学生有很好的了解，不了解学生就谈不上运用区别提问。区别提问的目的在于消除学生知识中的空白，发展他们的思维，消除知识质量上的缺陷。

由于我们对情况不熟悉，很难找出这种提问的例子，我想这种提问在我们教师中一定是有运用的。不过，我们可以写出具有区别提问性质的提问的例子：高三甲化学课，讲分子结构时，教师在牢固环节中要学生何俊明写出氧化铁（Fe_2O_3三氧化二铁）的结构式，他没有写出来。到第二堂化学课，教师在检查环节中指定何俊明上黑板写出氧化铁的结构式。这种提问就带有区别提问的性质。

5. 集中提问——这种提问是就学生已经学过的全部材料进行彻底的全面的提问。譬如，在数学或物理课上，要学生解答例题或演算习题时，教师要求学生详细分析答案，要求演算正确迅速，要求说明结论的理由，要求了解学会一切规则、原理和方法等。

这种提问的好处是深入问题的本质，不仅检查学生掌握知识的态度，而且也检查学生掌握知识的深度。然而，它的缺点是提问一个人要花费许多时间。在一些学校中，教师在一学季（两个月）里只能提问学生们一次。如果单靠这种提问，那就不能获得学期或学季知识评定的必要材料，而且也不能促使学生经常地系统地准备功课。

这种提问，在我们观察期间还没有发现这样的例子。我希望我们的老师们能够尝试着运用它。

上面，我们谈过口头提问的各种形式，每种提问都有它的优点，但也有它一定的局限性。因此，为了正确地检查学生的知识掌握情况，必须把各种形式结合起来运用。如果把任何一种形式绝对化，把它当作唯一的提问形式，那就很难收到好的效果。我们看到有些教师创造性地学习和运用了密集提问，这是很好的现象。然而有的教师自十一月以后，每堂课都是密集提问，这就显得有些单调、机械了。

由于口头提问是检查学生知识掌握情况的最灵便、最基本的方法，这里我想谈一谈对教师提问和对学生回答的要求。就是说，教师应该如何提问，学生应该如何回答。

对教师提问的主要要求：

第一，教师提问应该是有计划、有准备的。问什么？为了什么目的问？问谁？都要事先加以仔细准备。

第二，提问的问题不能单纯侧重记忆一些事实，机械地死背条文，而应该重视学生对该教材的理解。只有在理解的基础上记得牢的知识，才是真正掌握的牢固的知识，因此，不仅要检查学生的记忆，更要检查学生的思考。

例如，高一庚历史教师在检查学生关于沙皇废除农奴制的知识时，并不是问学生在哪一年沙皇命令废除农奴制的，而是问："一八六一年沙皇废除农奴制，为什么到这时候才废除呢？"这就是有思考性的问题，要求学生说明事变的原因。这样的问题是好的。当然，就历史学科说，历史上重大事变的年代是应该记住的。我想，如果教师这样问学生："沙皇是在哪一年废除农奴制的？为什么到那个时候才废除？"是不是会更好一些呢？

又例如，高三甲物理教师提问学生："气体发电与液体发电有什么相同？有什么不同？"这也是很好的问题，它需要学生进行比较。

又例如，高一庚达尔文主义基础教师在检查学生关于物种形成过程的知识时问学生："什么叫作特征的分歧？用自己的例子说明它。"这样的问题也是好的，因为学生只有完全理解了，才能用自己的例子来说明。

但是，也有教师在提问时偏重检查学生的记忆。例如，有位历史教师在三节课上提问了九个学生。九个问题中有七个都是要求学生记忆历史事实的，像"某月的德军攻势怎样？""德军的闪电战怎样？""苏军的防御性攻势怎样?”等。

同志们，我举这个例子并不是说不要学生记忆任何东西，没有牢固的记忆就没有牢固的知识。但问题在于要理解，要对事实进行加工，从事实的材料中找出现象间的因果联系。

第三，问题不能使用暗示性的，也就是说，不能把要求回答的主要内容包括在问题内。

例如，有位历史教师讲苏联的卫国战争时提问学生:“十月决定性的攻势怎样?”这就把决定性的攻势暗示给学生。

还有这样的暗示性问题(这不是发生在附中的):“伟大的十月社会主义革命发生在一九〇五年还是在一九一七年呢?”显然，答案是包含在问题里面了。

第四，问题本身应该措词简短，但须清楚明确。

例如，上例:“十月决定性攻势怎样?”措词是简短的，然而问题本身不够明确。究竟谁发动攻势?攻谁?问题中都未提到。

第五，对同一材料应该提出不同的问题。譬如说，历史课中可以问学生:“五四运动发生在哪一年?它的意义如何?”但也可以问:“一九一九年中国发生了哪一件伟大的事变?它的意义如何?”地理课中，可以问:“波兰的首都叫什么?”但也可以问:“华沙是哪一国的首都?”这样的变化，对于学生的思维、对于学生掌握知识都是有好处的。

可惜，在附中有些教师的提问完全依照教科书后面的复习进行。书上的题目既是家庭作业的题目，也是检查提问的题目。也有的教师把讲课的计划(标题)既作为新课程巩固时的题目，也作为家庭作业和下一节课口头提问的题目。这样做是不好的。

第六，提问时应该根据学科特点，适当地应用直观原则。

在这方面，有些教师做得很好。我们看到，历史、地理教师常常要学生指着地图回答问题。物理、化学教师常常要学生结合实验演示回答问题，甚至要学生结合实习作业回答问题。这样运用直观教具进行提问是很好的。

第七，必须给学生思索回答的时间。

这方面，不少教师都做得很好。先向全体学生提出问题，让大家想一想，再指名回答。但有个别教师有时突然向一个学生提问，这是不好的。

当然，这不等于说，当一个学生被叫起以后，遇着他解答不出来的题目，就老是等着他，或者长时间地纠缠在他一个人身上，不是的。当学生不能回答时，应该问另外的学生，但是教师自己不要代学生说出来。

至于对学生的要求，首先，要求他们回答得正确、完全，而且要培养他们系统的详细的回答问题。这方面，我们的学生显得很不够，往往只能断断续续地回答，需要教师不断的提示。其次，要求学生的回答应该是清晰的，为全班所能听到的。同时，也要求全班学生静听同学的回答。

这里，我想附带地请诸位注意一下：我们看到有些教师在学生回答后，不分析学生的错误，也不做评定的说明，而是把学生的答案重复甚至发挥一番。这样，一方面学生习惯于不去注意倾听同学的回答，反正教师会重述一遍；另一方面，也拖长了提问所费的时间。也就是说，相对地减少了实际的提问时间。

以上是问题口头提问的部分。

现在我们来说书面测验。

书面测验是检查学生掌握语文（本国语文和俄文）方面以及解答数学、物理、化学方面习题的技能和熟练技巧的必要手段。当然，在完成测验作业时，学生必须依靠语法、数学和其他方面的规则、定理的知识。这样，书面测验不仅检查了这些科目方面的技能和熟练技巧，而且也检查了这些科目方面的知识。

书面测验还有一个好处：它能在短短的时间内（一节课或一节课的一部分）检查全班的学生。因此，在其他学科方面也还是可以适当采用的。

测验作业有时预先告诉学生，有时不预先告诉学生。

书面测验的进行，最重要的是要保证学生作业的充分独立性。当然，我们平时就应该向学生进行系统的教育工作，建立健全的舆论，培养学生忠诚老实的自觉态度，反对夹带、抄袭别人作业的恶劣作风。但是在这方面我们不能完全依靠学生的自觉。我们应该采取措施，防止引诱学生偷看别人作业或“互相帮助”的一切可能。这就要求教师们出不同的题目。例如，初三丙历史教师在十一月三十日的课上用四种题目进行测验。第一种题目第一、三两排的学生做，第二种题目第二、四两排的学生做，第三种题目第五排的学生做，第四种题目第六排的学生做。这样做是好的。可惜，在我们观察的书面测验中，大多数教师只采用一种题目，这是无法保证充分的独立性的。同时，书面题目，不仅可以用于测验，也可用于练习，既方便，又节省教师的时间。

进行书面测验另一个要注意的问题是正确地估计作业所需的时间。不管是用一节课也好，或者是用十分钟二十分钟也好，都要仔细考虑学生完成作业需要多少时间。这个时间，不仅要使学生可以完成作业，而且要使他们完成作业后还得把自己的作业检查一遍。据我们的统计，在我们所观察的十八次书面测验中，有九次都是超过时间而由教师匆匆忙忙地抢收卷子来结束的。这样没有正确估计作业时间的测验会发生什么后果呢？第一，学生做完了，但没有时间检查。第二，可能学生没有做完，教师就把卷子收去了。这就产生了问题：未做完的部分，是学生根本不会呢，还是由于时间不够来不及做完呢？教师很难断定。第三，会影响下一节课，也影响学生的课间休息。

进行书面测验的最后一个问题是及时批改测验卷子。这个时间一般不宜迟于两天。因为新的教材的讲授要根据学生对过去教材掌握的情况来进行，同时学生知识中的缺陷也须及时补救。教师批改测验卷，就能了解哪些错误是共同的，哪些是个别的，也可以了解哪个学生对哪一部分掌握得不好，从而确定哪些错误应该向全班分析纠正，哪些错误只需个别纠正，以及如何进行区别提问等，以及时消除学生知识中的缺陷。

书面测验就讲到这里。现在我们简单地谈一谈实习测验作业。实习测验作业的目的是检查实践的技能。例如如何进行测量、如何进行实验、如何使用仪器、如何进行采集工作等，这在数学、物理、化学、生物科学方面都应当采用。

实习测验作业可以在口头提问中结合进行。例如，高三甲物理教师在提问学生时，要两个学生到讲台上对蓄电池进行测量。一个学生用比重器测量，一个学生用伏特计测量。这就不仅检查了学生关于蓄电池方面的知识，而且也检查了学生使用比重器和伏特计进行测量的实践技能。

以上我们讲过了口头提问、书面测验和实习测验作业三种检查的形式。

（三）检查的计划性

学生知识的检查是一项复杂细致的工作。这一性质就要求我们应该有计划、有准备地去进行这项工作。一堂课上要提什么样的问题？问谁？什么目的？事前我们都要仔细考虑，并写在教案或教学笔记中。这一点，前面讲到对教师提问的要求时已经提到。

在我们所讲的课中，有的教师是这样做的。但是大多数教师的这种计划性是缺乏的或者是不够的。我们看到过，个别教师按学生点名表的顺序提问。我们也常常看到，有些教师提问时在点名表上临时找名字。

这就说明了教师们事前并没有准备要问谁。

这里，我想举一些统计数字来说明一下我们检查工作中缺乏计划性的情况。

初二戊是试行教室日志最早的班级，而语文又是这个班每周时数最多的学科（每周八小时）。根据教室日志对学生评定的记载，语文教师在三个月中（开学起到十二月初）共给学生评分二百三十三次（口头提问），平均每个学生有四次到五次评分。按平均次数说，不能算太少，但也不能算多，因为它每周有八节课。可是从具体学生来看，评定的次数就显得极不平衡。例如，最多的一个学生评分二十次（洪秀珍），而最少的却只有一次评分（汤宣广）。三个月中只评过两次分的有八个人。

在这个统计中可以看出：优等生评过六次分，六次都是五分或甲（等于五分），而且在十一月十八、十九连续两天都得了甲的评定。我们也看到：留级生一共评分八次，还不算少，可是在时间距离上是不合理的。该生在十月五日以后，得过一个两分、五个三分，十月十一日书面测验不及格，但自十月五日以后直到十二月二日，将近两个月中没有被提问过一次。另一个学生（中等学生）在十月二十六日得到丁的评定（当然是不及格了），以后在半个多月中没有被提问到（后一次提问他在十一月十三）。教师对一个好学生可以今天提问他，明天提问他，而对于成绩差的得到不及格评定的学生为什么隔了半个月甚至两个月都不去提问他呢？这样，我们就不能及时消灭成绩落后的现象。

我们举初二戊语文科的例子，是不是说这位教师对检查评定不热心，有意不关心落后学生呢？不，一点没有这个意思。这位教师是经常进行提问的，是比较负责的教师。可是，他缺乏计划性。而这种缺乏计划性是由于不知道应该怎样做而发生的。实行教室日志、采用苏联学校先进的检查和评定制度，对我们来说是陌生的工作。在试行过程中有上述现象，这是丝毫也不足为怪的。我相信，今后我们会克服这种缺点。

四、如何评定学生的知识

（一）使评分成为提高知识质量的主要条件

先是评分的客观公正性。这就是说，对学生知识所作的评定应该正确地反映学生知识的质量。

在我们教师中，不少人向学生提问一个简单的问题就给予评分。譬如在前面讲迅速提问时我们所举的一些例子，“为什么叫作死海?”“什么叫作质量?”等。这样的问题，一个问题就给予评分是不妥当的。

有的教师经常在巩固新课时把刚才自己讲的东西让学生重复一下也给予评分。例如，有位卫生常识教师在讲完“牙齿的保健”以后问学生：“吃饭应该慢吃还是快吃?”学生回答：“不快不也慢。”教师又问：“为什么?”学生：“快了不消化。”评了四分。问另一个学生：“牙齿有什么用处?”学生回答：“切断，撕碎，磨碎食物。”评了五分。

用提问来进行巩固，这肯定是好的。巩固提问应不应该评分呢？我的意见，一般的巩固提问可以不评分，因为新授的教材还没有经过学生的课后复习，而且教师自己讲没讲清楚还未知，正要通过巩固新课来加以补救。但可以记观察分（教师自己暗中记下），作为对学生观察的材料。如果把学生重复教师刚刚讲授的回答也予以评分，这就不能使我们正确了解学生知识的质量。这是指在一般的情况下，如果老师巩固提问，学生回答得特别好，不是简单重复教师刚刚讲过的，而是创作性地回答，譬如说运用过去所学的知识多方面地来回答问题，或者用不同于教师刚刚讲解的方法来演算同类的习题，这样的回答就可以评分。

也有教师对补充别人的回答给以很高的评分。例如，有位物理教师提问学生："气体导电与液体导电有什么相同，有什么不同？"第一个学生对相同点答出了全部，对不同点答出了一部分。第二个学生又补充了一部分。第三个学生归纳了前两个人所答的，并补充了未答的部分。教师给前两个学生评了"三分"，后一个学生评了"五分"。这样的评分也不是客观公正的。补充回答要不要评分，那也要得看问题的性质和回答的质量。

据我了解，很多教师在提问时能够注意到个别对待的原则，即对成绩好的学生提较难的问题，而对成绩差的学生提较容易的问题。对学生的个别对待毫无疑问是有好处的。问题在于：如果他们都答出来了，同样都评五分，这是不是客观公正呢？非常明显，这不是客观公正的。

什么样的回答评五分，什么样的回答评四分，应该有一定的客观标准。这种客观标准不仅是同一个教师应用于一个班的所有学生，而且也应用于同一学科的所有教师和各个班级。这个问题，下面还要谈到。

对成绩差的学生提容易的问题而予以很高的评分，这是不可以的。因为它将使学校领导和家长不明了事实的真相。而特别重要的是使学生盲目自信，自以为他已经学得很好了，可以满足了。这样的后果当然是危险的。那么，怎么办呢？解决的办法是：对成绩差的学生提容易的问题，同时，也提较难的问题，这样就不会使他完全失去自信心，而同时也使他知道他学得还很差，还需要很好地努力。至于评定的分数应该根据客观标准来衡量他回答的质量。

知识水平差但很努力的学生，对于他的回答，同样地也不能提高他的评分。因为分数是知识质量的标志，而不是表示努力的程度。根据目标理由，对于回答得好而行为有缺点的学生（譬如说，教师在提问别人时，他不注意听，而在纸上画人像），也不能降低他的分数。

至于教师根据自己对学生的成见、根据自己的好恶对学生的评分任意高下，那就更不应该了。

我们必须客观公正地评分，才能使评分成为提高知识质量的手段。

第二个条件是评分时要指出学生回答的优缺点，指出他努力的途径。单是给学生的回答以评分，这是不够的。应该向他指出，他好在哪里，还有哪些没有掌握，有哪些错误，应该如何改正错误和缺点，如何使自己的成绩提高一步。这种说明和分析是重要的。譬如说，知识掌握差而努力的学生，应该给以符合他的知识水平的低等分数。但是教师也应该指出他的努力和上进的情形，应该表示相信这个学生很快就会很好地掌握教材。

在这方面，我们的教师也有少数曾经这样做过。可是很多教师只是评过分就算了，这是不能发挥评分的作用的。

第三个条件是教师应该关心学生所得的分数。我们不能对学生所得的分数采取漠不关心的态度，不能抱着完成任务的想法，认为记了分就算了，而应该把评分看作教育的手段，应该使每一个分数，不管是好的或差的，都成为鼓舞学生更好地学习的手段。

一个学生得了两分，不仅使学生自己难过，也使教师难过。教师应该以关切的态度鼓励他，告诉他不要失望，要有勇气克服它，并且给予其具体帮助，或组织优等学生帮助他。这样，两分就不会使学生沮丧失望、成为妨碍学生前进的绊脚石，而是成为鼓舞学生前进的兴奋剂。

（二）评分的标准

对学生知识、技能、熟练技巧掌握的评定，应该依据什么标准呢？主要应该依据教学大纲（没有教学大纲的，依据教科书），凡是教学大纲规定的知识内容，学生都应该掌握。这也就是说，教师不能超越教学大纲去检查学生的知识、技能和熟练技巧。

然而，教学大纲只规定了知识的范围，在这个规定范围内的知识，学生掌握到什么程度，那是知识质量的问题。学生所掌握的知识的范围是相同的，而掌握的程度（质量）则不相同。有的“五分”，有的“四分”，有的“三分”等。因此，知识的评定除了对知识的范围有要求以外，还应该根据知识的质量，即掌握知识的程度来评分。

对于学生知识质量的评定，应该考虑哪些条件呢？

首先是对所学教材的理解程度，即知识的正确性和完备性。所谓正确性、完备性是说对知识的真正理解应既完备又正确，能够根据事实材料做出结论、概括，也能够用实际的材料来说明原理、原则。教条式地回答问题，虽然在形式上是正确的，但没有真正的理解。这里有一个很好的例子可以说明这个问题。

高三甲化学教师提问一个学生：“分子结构学说的主要内容是什么？”学生一点、两点、三点都答出来了。看起来，既正确又完备。如果教师错误地相信他已经理解了，这时候可以给他评定“五分”。然而，教师没有相信他，教师要他写出丙烷（C_3H_8）的结构式，他写不出；教师再叫他写赤铁磁（Fe_2O_3）的结构式，他还是写不出。于是教师给他评定“五十五分”（不及格）。这样的检查和评定是正确的。因为他机械地背诵了几条原理，而没有真正理解原理的实质。他关于这方面知识的掌握既不正确也不完备。

其次，对知识的评定要考虑知识的牢固性。这就是说学生掌握的知识是不是真正牢固地掌握了，或者只是勉勉强强地记得的，甚至需要教师的提示才能回想出来。

再次，要考虑的是学生应用知识的技能。这要从两方面说：一方面是看学生能不能应用已经学过的知识来解释未曾具体分析过的现象，例如学生学过了物理方面关于压力的知识，我们看他能不能解释。为什么人走在泥地上会陷下去，而上面铺上木板，再走在上面就不会陷下去呢？另一方面要看学生能不能把已经学过的知识应用于实践，也就是看他有没有实践的技能。例如学生在几何课上学会了关于地形或高度的测量知识，那么他能不能在实际中去测量一块地形或一个建筑物的高度呢？

最后，要考虑学生表达知识的形式。这方面，要注意学生的回答是不是系统的，是不是流利的、清晰的，使用的语言是不是正确的、生动的。学生表达方式的好坏，也反映着他对教材的理解程度和巩固程度。表达形式当然也包括书面的表达。

对学生知识、技能和熟练技巧的评定，我们就是经上述几方面，即知识的范围、对知识的理解程度、知识的巩固性、应用知识的技能和表达知识的形式去衡量。

但是，如何区分“五分”和“四分”“三分”之间的界限呢？这个困难，对于我们这些对五级分制计分法使用还不熟练的人来说是实际存在的。不过，关于五个分数的共同指标是有的，我想各位都曾经研究过凯洛夫《教育学》上关于这方面的材料。

为了便于教师们进行评定，我们建议教师们根据苏联学校关于五个分数的共同指标，结合所教学科的专门特点，在各科研组内讨论和制定出某一学科的评分标准，使大家有一个可以遵循的多多少少一致的标准。

评分是一件复杂细致的工作，它不可能有也不应该有什么固定的绝对的尺度，像用尺去量布一样。我们说，对学生知识应当加以十分客观的评定，并不等于说要用一个固定的量具机械地去量它。形式地机械地对待评分问题，是不能使评分成为提高学生知识质量的有力武器的。

（三）总结评定

苏联学校一学年分为四个学季，每学季进行总结评定，给学生评定学季统分。学年终了时也进行总结评定，给学生评定学年总分。我国学校一学年分为两学期，不分学季。但在习惯上都有期中检查（一般称为期中考试）。我们对于学生知识的总结评定，是否只按学期给以学期的统分，或者把一学期分为两个阶级，以期中为界限，给以期中统分。这个问题，教师们可以进行研究和试行。

但是，无论是学年、学期还是学季评定，都不能把总结评定的分数当作某一时期中全部评定的算术平均数，也不能像过去用百分法计算成绩时那样把平时成绩占百分之几、期中考试成绩占百分之几、期终考试成绩占百分之几算出来，得出评定总分。总结评定，例如学季评定，应该依据学季结束时学生的实际知识，即依据结束时的总复习检查所评定的分数，同时也要考虑他在整个学季中所得评分的情况。如果一个学生平时不用功，在整个学季中学习得不好，而在学季结束时特别努力，把以前学科不好的都改正了，虽然最终获得了很好的评分，也仍然应该降低他学季的总分。不然，就不能鼓励学生经常地系统地进行学习。但是，如果学生平时很努力，只是由于其他原因，譬如自己生病缺课，或者母亲生病，要她照料家务，而在某一时期不能安心学习。可是在学季结束时大大地努力，把功课赶上了，对于这样的学生就应该以她在最后时期所得的分数作为学季评定，而不应降低她的评分。

总之，总结评定必须在了解学生全部学习成绩、学习情况的基础上，机动地公正地评出来。无论如何，必须对学生作个别的对待。马克思主义教导我们，要具体地分析具体情况。在教学和教学工作中，任何时候我们都要记住这一点。

（四）计分制度和教室日志

我们试行教室日志就是要经常进行日常检查和采用五级分制记分法，这是一个完整的检查和评定学生知识掌握情况的制度。

五级分制计分法与百分法有本质上的不用。最主要的是：五级分制计分法的每一个分数都代表着知识的一定的质量，也就是说一定的量代表着一定的质。这是非常科学的。而百分法呢，它没有这个特点。五级分制计分法其他方面的优点，我就不一一说了。

就我们观察所得，我们教师采用的计分方法是十分有分歧的。有的用五级分制计分法，有的用百分法，也有的用等级制计分法（甲、乙、丙、丁和A、B、C、D）。同一个教师，口头提问用五级分制计分法，书面测验用百分法。同一个教师的口头提问，一个时期用五级分制计分法，另一个时期用百分法。用五级分制计分法的，事后还要折成百分数，而且折合的比率又是各种各样的。这样就造成了计分制度的混乱，而且与试行教室日志的基本精神是不相符合的。

据说附中这一学期全部实行五级分制计分法，这是一个重要的正确的改变。

与计分制度不可分割的是计分的文件——教室日志。附中过去把教室日志称为“教师日志”，这个名称是不妥当的，于是把“教师日志”变成了教师个人的点名表和计分册，每个教师持有自己的一份。凯洛夫《教育学》中译本的译名是“教室日志”，更恰当的译名应该是“班级日志”或“学级簿”，因为俄文原文的意思是指一个班级所专用的文件。而这个文件是保管在教导处的，其之所以要保管在教导处，是因为这是学校中重要的国家文件，而且校长和教导主任要经常地系统地检查这个文件。

现在，在专家指导之下，我们印用了形式正确的教室日志。

教室日志的首面是目录，上面写明了哪一科占有哪些页。每一学科的页数应该根据这一学科在一学年中的上课时数来确定。

教室日志分左右两面，左面记载每日学生的出席情况和成绩分数，即口头回答和书面作业的评定。学生出席了，当然用不着记什么符号，如果是缺席或迟到，就用一定的符号来记载。

教室日志的右面记载每节课讲了些什么内容，布置了什么家庭作业，应该在什么时候完成。当然这只需要简单扼要地记明主要内容，不过要注意精确、清楚。用左面记载的成绩分数来和右面所记载的同日的事项对照来看，就可以了解学生对教材的哪一部分在什么时候曾经得到什么样的评定，也可以了解学生因为缺席而没有学过的东西是什么。所以，右面的横行和左面的直行的格数必须一样多。

“教师附记”是准备给教师用于注明关于学生纪律的情况、学生进步或落后的情况、如何消除学生知识缺陷的情况以及完成家庭作业的情况。

教室日志后面还有关于学生总结评定的记载、关于学生一般情况的记载。

与教室日记并用的，每一个学生应该有一本学生日记。这也是属于积分表册范围之内的。学生日记簿上，记载学科名称、指定作业和成绩评定。每当学生被提问之后，都要把学生日记簿交给教师，由教师记上分数。而学科名称和指定的作业（如提问的问题），则由学生填写。学生日记簿每周周末由班主任收集检查，并记明一周内缺席、迟到等情况，然后交还学生给家长查看签名。

当然，在教室日志之外，每个教师可以准备一本自己专用的笔记本，记载一些关于学生的学习成绩和操行方面的显著事实以及他个人对某些学生观察的意见等。

五、家庭作业负担及其对学生知识质量的影响

在观察期中，我们在每一班都选择了三个不同程度的学生（优等的、中等的和差的）作为个别研究的对象，并到他们家里进行了家庭访问。现在，我们就根据这些材料谈一谈学生家庭作业负担及其对学生知识质量的影响。当然，这些材料是很不完全的，因而所谈的也是很不深

刻的。

（一）三种类型学生执行家庭作业的情况及其对知识质量的影响

我们先谈优等生。优等生，一般在上课时都用心听讲，对家庭作业有一定的计划。在学习环境方面，他们或者有良好的家庭学习条件，即使没有，但他们也能在那种较不安静的环境中安心学习。

例如高二丙优等学生潘源琛，任学生会主席，学习很好，她每节课都全神贯注于听课上。下课后，按部就班地复习功课，每周都有具体的学习计划，把学习与工作安排得井井有条。她的家庭经济情况并不怎样好，但有固定的作业地点，自习时，室内非常安静。

重要的是，几乎每一个优等生对家庭作业都有一定的计划。他们总是当天复习当天的功课，也准备明天的功课。例如，高三甲新生在十一月二十日复习了当天的语文、代数、俄语、化学、物理，同时也预习了第二天要上的历史、几何和语文。

在观察期间，六个优等学生中被提问四次的有两人，被提问三次的有四人。与中等生、成绩差的学生比较起来，优等生是常被提问的。这对推动他们的学习自然也有一定的影响。

我们再谈成绩差的学生。成绩差的学生，一般来说，对学习没有计划，他们主要是赶明天要交的作业，而不是及时地系统地复习功课。

我们举高二丙学生***为例。他已连续留级两次。在十一月二十四日的代数课上，教师要他在黑板上演示一个关于负指数化为正指数的习题。在演式中他第一步就搞错了，把“$(4a)^{-3}$”化为“$1/(4a)^{3}$”，显然他没有掌握基本的东西，而教师也就简单地自己做了纠正。当然，他这一部分的知识缺陷并没有及时获得补救。十二月二日，我们观察了该班关于级数部分的测验，这个学生的试卷中，四题有两题完全错了，连基本的繁分数化简分数也没有搞清楚。每门学科都有它自己的体系，级数没有学好，又如何能学好指数呢？但教师给了他一个“60分”（及格），这个分数掩盖了他知识中的严重缺陷，日积月累，知识中的缺陷愈积愈多，自然就会造成留级现象。

这个学生对家庭作业没有计划，主要是应付明天的课。如果明天的课他还应付得了，他就不准备。至于教师不经常提问的学科，他一般是不准备的。例如，语文每周有五节，在我们观察的那一周中，他仅在星期二晚上准备了半小时的语文，其他半天完全没有接触它。可是，他对俄文有兴趣，这一周花了二百二十五分钟学习俄文。因为俄文刚开始学，教师也经常提问，在这门科上他没有背上“知识缺陷”的包袱。

家庭环境对他的影响不能说不是一个重要的因素。父母溺爱他，不知道如何督促他用功。他每天晚上要跑到很远的姐姐家去自习。这对他准备功课当然是有影响的。

在观察期间，在六个成绩差的学生中，有两个完全没有被提问过；其他四个虽被提问过，但多半不是在他们不及格的学科中。

现在我们谈中等水平的学生。

中等学生中，有的虽也是当天复习当天的功课并准备明天的课，可是准备得很草率、很马虎。例如，初二戊学生***，在我们观察的那一周的星期三晚上，准备了七门课，只花了七十三分钟。

有的学生准备功课随心所欲，高兴怎样就怎样。例如高二丙学生***，星期二自学时间只花了五十分钟，星期四花了六十分钟，而在星期六下午就一口气做了五门不同功课的作业，把一周欠下的作业习题全部赶完。有些学生在准备功课前还会动动脑筋，揣摩明天哪些功课不提问，哪些虽提问但还轮不到自己（他们掌握了教师提问的规律：按点名册顺序提问，刚问过的也不问），因此就不会准备那门课。这个情形前面已经谈过了。

教师一般对中等学生、差的学生提问比起优等生来次数是少的。在我们观察的一周中，中等生六人共被提问十二次（有一人未被提问），差的学生六人也被提问十二次（有两人未被提问），但优等生六人共被提问二十次（无一人未被提问）。相对于优等生而言，中等生、成绩差的学生正需要经常提问来迫使他们用功。

从上述三种类型学生的家庭作业的情况来看，学生家庭的学习条件、学习的计划性、课堂听课是否集中注意以及如何准备功课，都对学生知识掌握的质量有着重大的影响。而在教师方面，是否经常提问，提问的规律是否为学生所掌握，是否通过对学生知识的检查能及时发现、及时消灭学生知识中的缺陷，对学生知识的质量具有更大的影响。

（二）影响家庭作业负担的原因

中央教育部曾经有过指示："学生学习负担的轻重，主要不是取决于每周教学时数的多寡，而是决定于教师讲授内容的科学性、系统性、明确性以及课后作业有计划地适当地布置。"

以下，我们谈一谈影响家庭作业负担的一些原因。

我们先谈教师讲解功课对家庭作业负担的影响。

第一，我们看到有些教师讲解清楚、系统明确，在讲解中经常向学生发问，引导他们积极参与教学过程，并且在讲解中进行实验演示，如物理、化学。有的运用地图，如有的地理教师甚至从实验演示中让学生自己做结论。这样就能使学生当堂理解。当堂理解了，家庭作业负担就不会重。

我们也曾经看到过相反的情形。有位教师，上课时，既不检查复习，也不进行巩固，自己讲了整整一节课，打下课铃后还在讲授新教材。下课后，学生直嚷："不懂、不懂。"在这种情况下，教师没有讲清楚的东西，就要学生在家庭作业中来搞清楚，这就自然加重了学生的家庭作业负担。

第二，从检查提问方面来谈。有人有这样的意见：说为检查提问会增加学生负担，这样笼统的提法是不正确的。据我们调查收回的自学时间表（二百四十四份）看，绝大多数学生自学时间没有超过三小时（每日平均），超过的只有二十五人。按政务院规定高中九小时、初中八小时学习时间来看，并未超过。当然不正确的检查提问，自然会影响学生的家庭作业负担。这可以分两方面：一方面由于提问内容的烦琐、偏于记忆，就有可能在某种程度上加重学生的家庭作业负担；另一方面，由于提问形式的单调、问题简单、教师要求低，又有可能使学生在家庭作业上产生松懈马虎的现象。

第三，如何布置作业更是直接关系着学生家庭作业的负担。在我们所听的一百九十四节课中，近三分之二的课都在下课铃响以后才开始布置作业。我们知道，下课铃一响，学生的注意力就分散了，很难集中注意于教师对于家庭作业题的解释。更何况许多教师由于时间匆促，指定题目后来不及说明就下课了。

一般教师布置的作业内容基本上是课堂上所讲授的。但也有个别作业内容牵涉过广，甚至要求不明确。例如，初一历史课有一个作业题："试将黄巾起义与秦末、西汉末年农民起义做一对照比较，并说明黄巾起义为什么又前进了一步。"这样的问题对十二三岁刚入初中的孩子来说是难以解答的。又例如某班几何课，在测验之后，教师布置作业题："复习第一章（作者注：教科书第十页至一百零二页），将各种定理做系统性的总结。"这不但在份量上是过多的（教科书九十二页），而且怎么样做系统的总结、什么时候完成都没有交代。

第四，书面测验集中于某一星期，甚至某一天，是增加学生家庭作业负担的原因之一。例如高二丙在第十四周中有物理、俄文、几何、代数四门测验，而高一庚在星期二一天中就被测验了三门——化学、达尔文主义基础、俄文，还要交绘图的作业。

六、简短的结论

同志们，教室日志、对学生知识掌握情况的系统检查和评定是苏联学校的先进经验。苏维埃学校数十年实践证明，它是提高学生知识质量的有力武器。

我们附中去年在几个班上试行教室日志，这并不是说对教室日志本身有所怀疑，而是在当时的条件下，要全面推行还有许多困难。这学期起（编者注：一九五五年二月），据说就要全面推行了。在上海，我们附中是第一个试行教室日志的学校，我们的经验也会推行到其他中学。

附中自试行教室日志以来，由于学校领导和教师同志们学习苏联教育的高度热情和对人民教育事业的忠诚负责，在教学工作中已经收到了一定的成效。当然，教室日志对我们来说是新鲜的事物，在进行一种新的陌生的工作的过程中，困难、缺点乃至错误是不可避免的，因而在过去试行期间，教室日志所起的作用也就不可避免地要受到一定的限制。

为了使教室日志发挥它应有的作用，为了使检查和评定学生知识的制度成为提高学生知识质量的有力武器，为了彻底改变我们学校工作中教学方法落后于教学内容的情况，今后在已有的基础上，我们必须更加认真、更加热情地正确进行对学生知识的经常的检查和评定。

最后，祝同志们身体健康，祝同志们在教学工作中取得更大的成就。

第五篇 教育人生感言

春蚕的意愿

我今年七十岁。三十多年来，我一直在安徽师范大学（其前身是安徽大学、安徽师范学院、皖南大学）工作。在党的领导下，受到党的教育。根据亲身经历和体验，深深感到新社会跟旧社会比具有无比的优越性。基于对新社会的热爱，我将以全部精力投入教学工作中。我是教教育学的，这门课在高等师范院校是各系公共必修课，是对学生进行教育业务训练的主要课程。新中国成立初期，我国教育学是学习苏联的，我们编写的教育学讲义也是以凯洛夫《教育学》作为蓝本的。从一九五八年开始，我和本单位的同志们一起，根据党的教育方针、政策和我国教育的实际，编写适合我国国情的教育学讲义。当然这是一种尝试，说不上有多大成果。二十世纪五十年代，我还兼教教育系、中文系的逻辑学。文科迁往合肥，成立合肥师范学院以后，这里建立了夜大学，我又在夜大学中文系兼教逻辑学。这样我除了白天教教育学外，每周有两个夜晚在夜大学教逻辑学。二十世纪六十年代前半期，我还负责校教学研究组的工作（教学研究组是我校党委的教学业务参谋机构），从新中国成立到“文革”以前，我的工作虽然头绪较多，任务较重，但是心情却是极其愉快的。我感到，能为党为祖国多做一点工作是我最大的幸福。

一九七三年上半年，我校中文系办了一个中学语文师资培训班，要我给这个班讲授逻辑学。这使我喜出望外，我又能重上讲坛，为教育事业服务了。所以我欣然应允，并在极短的时间内，夜以继日地写出教材，愉快地完成了教学任务。

粉碎“四人帮”以后，学校教学秩序逐步恢复，课程设置也逐步按照正常的教学计划进行。我校中文、政教两系都要我开逻辑学课，我都高兴地接受了，并把我过去历次编写的讲义加以整理、修订，印作教材。我在校内担任的课程最多的一学期是每周八节。校外邀请我讲课，我也是来者不拒。芜湖市师专、马鞍山市师专，我都去兼了课。芜湖地委党校、市委党校、芜湖市教育局中学语文教师学习班、芜湖卫校师资班，我也都去讲过课。一九七九年下半年，我在校内外讲课，多的时候，一周有十四节。任课虽多，我却精神振奋，心情舒畅。为了培养我校逻辑学师资力量，以便接替我的工作，我还在中文、政教两系各带一位青年教师。除让他们听我的讲课以外，还指导他们读书，要他们到班上担任辅导工作，让他们写讲稿并帮助他们修改，指导他们试讲，一步一步地把他们带领起来。目前已有一位青年教师能独立开课，另一位也能半独立开课（独立讲授部分章节）。我还准备再培养一二人，并把这些人组织在一起，建立一个逻辑学教研组，把我校这一空白点补起来。

今年春天，我校成立了高等教育研究室，我是负责人之一，这是研究高等教育的学术机构。机构建立不久，研究工作还没有怎样开展起来，今后得多花点力量做好这方面的工作。明年我和几位同志一起还将给教育系开“中国教育史”课程，我准备结合教学撰写《中国高校制度史》。

前两年，有的朋友关心地问我：你现在的工作、生活条件都很差，为什么你肯担任那么多教学任务，还干得那么欢畅？的确，就以住房来说，我曾三次搬家。昔日“孟母三迁”是为了儿子的教育，是自愿的，而我是完全被迫的。三次搬家，一次比一次条件差。第三次是1971年，被迫搬到山上一间破旧的房屋里，起居、工作、会客、烧饭等都在这一间屋子里面。我住房所在的那座山，就高度来说，比赭山中山纪念堂还要高一点。1976年底，我因脚病开了刀，行动就更不方便了，走路要拄着拐杖（到去年四月我才丢开拐杖）。冬季雨雪多，山路结冰，上下山当然很费劲。然而这一切并没有难倒我。“四人帮”被粉碎后，我上课、开会、买生活用品，每天总要上下山一两次。对于那时工作和生活上的困难，我并不抱怨。粉碎“四人帮”以后，党中央确定了“四化”建设的路线，我们伟大祖国的光辉远景又呈现在面前了。党的各项政策，特别是知识分子的政策，逐步得到落实，知识和知识分子也得到了党和全社会的重视。我作为一个知识分子，面对这种新的形势，还能躺倒不干吗？要干，一定要干！特别使我想到的是，现在年纪老了，又患有高血压，为祖国为人民服务的时间不会太长了，趁现在残年剩月还有点余力的时候，就得多教一点课，多干一点工作，尽可能对“四化”献绵薄之力。工作生活条件差算不了什么。我常常用刘禹锡的《陋室铭》里的一句话“斯是陋室，惟吾德馨”来勉励自己。虽身居陋室，却一心向“四化”，做一个有道德的人，一个有利于人民的人。后来，我搬进了新盖的教授楼，工作条件和生活条件都大大改善了。党的关怀和照顾使我万分感激。尽管主观上希望多做一点工作，但由于能力所限，我所做的实在太少，更谈不上有什么经验。

一九八二年暑假即将开始之际，学校领导要我为下学期将要开办的安徽省高等学校干部进修班讲授中国高等教育史，我接受了这个任务。这是一门新课，我就利用暑假夜以继日地搜集资料，撰写讲稿。这门课安排在十月至十一月上旬上课，可我在九月下旬发现右颊有一肿块，医生诊断可能是良性肉瘤，但也不排除是恶性肿瘤，他开了住院证，要我马上住院进行手术切除。我考虑如果这时住进医院，就不能如期开课，从而影响进修班整个教学计划的安排。我请求医生让我把课讲完后再来住院。这样，我就按进修班安排的教学计划进行讲课，直到十一月五日上午上完最后一节课，下午就住进了医院。住院前，学员们希望能印发一份讲义给他们，我就利用手术前后的住院时间在病房里编写了一份六万多字的《中国高等教育简史》讲义。肿块切除后经切片检查，确诊为恶性淋巴瘤（淋巴癌）。十二月初，我在北京的儿女把我接到北京在首都医院就诊。

这两年我住在北京医病的时间多。今年四月上旬，我刚做完第二次化疗（每次化疗时间为半年）就回到了芜湖。我校中文系是安徽省高等教育自学考试中文专业逻辑学课程的主考单位，我编的《逻辑学基础》讲义列为自学必读教材。但这本讲义是适应课堂讲授之用的，用作自学教材还必须进行修订、补充。为适应自学的需要，我回来后就在其他逻辑学教师的协助下，经过两个月的时间，对这本教材作了比较细致的修订、补充。现在已经印出。

最近校、系领导希望我带研究生，我欣然同意了，我想我虽身患癌症，健康情况不好，但指导研究生乃是为国家培养人才的大事。一息尚存，就应当把“余热”贡献给人民，这个光荣的任务我怎能不接受呢?!

尽管主观上希望利用“余热”多做一点工作，但是由于能力所限，特别是由于近年来的健康状况，我所做的实在太少，更谈不上有什么经验。但我愿学春蚕的精神，只要活着就要吐丝，就要工作，为“四化”建设添砖加瓦，“鞠躬尽瘁，死而后已”。

关于“虚假概念”的问题

“虚假概念”的理论，是形式逻辑概念理论的一部分内容。然而，迄今为止，这部分内容与整个概念理论之间还存在着显而易见的逻辑矛盾。其主要表现是：既规定概念是反映客观事物本质属性的思维形式，又承认不反映客观事物，更谈不上反映其本质属性的“虚假概念”属于概念的范畴；既认定每一个概念都有内涵和外延，又容许“虚假概念”没有外延的说法。

逻辑理论的自身应该特别注意具有严密的逻辑性，因此，现有的“虚假概念”理论必须加以改造。本文试就这方面的几个问题谈谈我的粗浅看法。

一、概念无所谓真假

讨论问题，总得确切地阐明议论对象的含义。这里谈“虚假概念”的问题，就必须弄清楚“虚假”一词的含义。早在两千多年前，我国的墨家逻辑就对“假”的词义作了分析阐述。《经下》篇指出：“假必悖，说在不然。”（虚假的必然是荒谬悖乱的，原因在于实际不是这样）《小取》篇写道："假者，今不然也。"（虚假的，就是当前现实不是那样的）这两种说法是略有区别的。前一说法主要指"假"表现为思想的自身悖乱。后一说法则指"假"表现为与现实不相符合。联系到与"假"对偶的"真"这个概念，我们可以说，自古以来，人类思维中的真假，无非是两种含义：一是现实意义上的真假，二是逻辑意义上的真假。所谓现实意义上的真假，指的是人们的思想是否与客观现实相符合。思想如此反映，现实亦然。就是说思想与客观现实相符合，谓之真。思想如此反映，现实不然，就是说思想与客观现实不符合，谓之假。显然，现实意义上的真假，必须依赖于这样一个前提：人们的思想有所断定。只有具备这个前提，思想有所肯定或有所否定，才能用这样的断定与客观现实相对照，从而判别这种断定的真假。大家知道，判断这种思维形式是有所断定的，它具备了这个前提条件。这就是当我们从认识论意义上来考察具体判断时，可以把判断区分为真实判断和虚假判断的根据。谈到概念这种思维形式，有的同志认为也应有真假之分。他们持这样一种看法：概念既然作为一种反映一定对象的思维形式，它就自然存在着是否与其所反映的对象相符合、相一致的问题，因而也就有真（基本相符合）假（不一致或相背离）的问题。果真如此吗？我们认为，概念与判断不同。概念是以直接统一的凝缩形式来反映思维对象的，在形式结构上，它没有作出断定，因而谈不上与客观现实相对照的断定之真假。同时，概念也不存在与反映对象相背离的问题。为什么呢？因为无论概念反映的对象是否有客观原型或根据，只要是概念，它总有与之相应相符的对象类。譬如："北京"这个概念与客观存在着的"中国的首都"这个城市相应相符。"神"这个概念与人们头脑中那些长生不灭、法术广大的虚幻形象相应相符。既无背离可言，基于符合或背离反映对象上的真假问题也就不存在了。由此可见，概念无所谓现实意义上的真假。

那么，什么是逻辑意义上的真假呢？逻辑意义上的真假，指的是思想是否排除了逻辑矛盾。思想具有确定性，不悖乱，无逻辑矛盾，谓之真；思想无确定性，自身悖乱，自相矛盾，谓之假。就概念而言，这种逻辑意义上的真假，并不取决于概念的内容是否反映客观事物或属性，而是取决于概念本身是否自相矛盾。从这一意义出发，“金山”“银海”这类概念尽管没有客观原型，不直接反映客观事物，但由于它们在内容上是确定的，并没有逻辑矛盾，我们也就理应承认它们在逻辑意义上是真的；而像“方的圆”“五以下的无限个正整数”这类在内容上自相矛盾的思想（有人称之为自毁概念或自悖概念），则属于逻辑意义上假的类型。我们有充足的理由把这类假的思想排除出形式逻辑所研究的概念范围，这是由形式逻辑作为固定范畴的逻辑的性质决定的。形式逻辑最基本的规律就是抽象同一律，没有它，思维“便不会有坚定性和规定性”。根据这一规律，形式逻辑着眼于思想中“彼”与“此”的明确界限，不允许“亦此亦彼”之类模棱两可的思想。所以，逻辑意义上自相矛盾的假的思想，在形式逻辑的科学体系中是不可能成其为概念的。

根据上面的分析，就形式逻辑的概念而言，既谈不上现实意义上的真假，又不包含逻辑意义上假的那类思想，那就可以断言：概念无所谓真假，区分概念的真假没有实际意义。

二、实概念和虚概念

为什么“虚假概念”的提法沿用至今呢？我们认为主要是在实际运用此概念时，人们往往只采用了其中“虚”的意义。就是说，形式逻辑研究的概念总体中，有一部分概念在现实中是没有客观原型或客观根据的，在客观世界里找不到与之相应的对象类。“虚假概念”指称的对象，绝大部分是这类概念。这类概念的存在是不可否认的事实。那么，为了既排除歧义，剔去“假”作为自相矛盾的那种含义，又承认这类概念存在的合理性，把它们称之为“虚概念”，不是更为贴切吗？

近代逻辑史上，德国唯心主义哲学家、先验逻辑的创建者康德就曾经用过“空虚概念”的提法。康德在《纯粹理性批判》的《先验分析论》篇附录中，考察了“无”的范畴。他认为“无”这一范畴表现为四种形式，其中“无对象之空虚概念”和“无概念之空虚对象”这两种表现形式可以合称为“空虚概念”。同时，康德又指明了这二者的区别：“前者不列入可能性中，以其纯为空想故（虽不自相矛盾），而后者之与可能性相反，则以其概念即取消其自身故。”①如果借用康德所谓“无对象之空虚概念”的说法，加以唯物主义的解释，那么就可以把这类概念称之为虚概念。它的特点在于：（一）反映的对象属于纯思维领域，在客观现实世界的整个时间序列中（过去、现在直至将来）永远不存在，带有纯空想性；（二）内容上不自相矛盾，具有逻辑上的可能性。这类概念是大量存在的。至于康德所说的“无概念之空虚对象”，从康德所举的“两直线所作之封闭图形”这一例子可以看出，他指的是作为概念自身否定了自己的那种逻辑上亦属不可能的假的思想，也就是我们在上文中谈到的逻辑意义上的假的那种类型。康德既看到了这类思想“以其概念即取消其自身”，又称之为“概念”，这是不严谨的。

在人类思维活动中，虚概念占有不容忽视的地位。它大体上又可以分作两个小类：一是宗教和艺术中的想象型概念，如“上帝”“鬼神”“孙悟空”“大观园”等概念。二是哲学以及其他科学领域中的非科学的假设性概念，如“绝对精神”“燃素”“永动机”等概念（这里略需说明的是：另有一类科学上的假设性概念，它们反映的对象是对客观事物表现形式、存在形式以及本质联系的高度抽象物，例如“点”“时间”“空间”等概念。这些假设性概念，就其实质来说，在客观现实世界中是有其深刻的客观依据的，理应归属于下面我们将提到的实概念那

① 康德.纯粹理性批判[M].蓝公武,译.北京:商务印书馆,1960:243.

一类)。这些虚概念显然不能从形式逻辑研究的概念总体中排除。试问,没有大量的这类概念,人类怎能进行思维,又怎能从事文学艺术活动和科学的研究探索呢?

与此相对应,我们可以把反映现实世界中客观事物及其属性(包括有客观根据)的概念称为实概念。它既可以是如“北京”“鲁迅”等反映事物本身的实体概念,也可以是如“美丽”“伟大”等反映事物属性的属性概念。这是因为,无论是实体概念还是属性概念,它们的内容在现实世界中都可以找到确实存在的客观原型或客观根据。

实概念和虚概念构成了形式逻辑研究的概念的总体。它们是同属于“概念”这一属概念之下的两个具有矛盾关系的种概念。

三、概念的定义应予修正

把概念分作实概念和虚概念两类,是否能妥善解决虚概念理论与概念理论的逻辑矛盾呢?能否解决,关键还在于概念的定义是否恰当。我们认为“概念是反映客观事物本质属性的思维形式”这个旧有定义应予修正。

只要认真分析一下,就不难看出:“概念是反映客观事物本质属性的思维形式。”这一定义所能适用的范围是非常狭窄的,远不能适用于实概念和虚概念构成的概念总体。首先,这一定义不能适用于虚概念。不言而喻,虚概念反映的既不是客观事物,当然也就无所谓本质属性。其次,这一定义也不能适用于实概念中初级的不够深刻的概念。以“人”这个概念为例,它是实概念,但是在两千多年前的古希腊,这个概念的内涵是“没有羽毛的两腿动物”,它只是十分肤浅地反映了“人”这种思维对象的现象、非本质的属性。那么,我们能据此说两千多年前“人”这个词表达的思维内容就不成其为概念吗?显然不能。最后，我们认为这一定义只能适用于实概念中那一部分深刻的科学概念。仍以“人”这个概念为例。大家知道，马克思主义产生以后，人们从历史唯物主义观点出发，对“人”这个概念的内涵作出了科学的揭示和规定。它阐明了人的本质属性在于：能运用语言材料进行思维，能制造工具从事生产劳动，具有社会性。只有这时，在这种含义上把握和运用“人”这个概念，我们才可以说这个概念是反映了事物本质属性的。诸如此类的科学概念才能适用于原有的概念定义。十分明显，如果我们囿于原有定义，用只能适用于科学概念的下定义概念去定义“概念”这个总体，就会犯定义过窄的逻辑错误，在逻辑理论上是不能自圆其说的。

怎样修正原有的定义，才能适用形式逻辑所研究的概念的总体呢？我们认为，可以采用这一说法：概念是反映思维对象的规定性（或特有属性）的思维形式。这个定义与原有定义的不同在于：（一）是关于“思维对象”的，而不是关于“客观事物”的。因此，它既适用于反映客观事物的实概念（它们可以作为思维对象），也适用于反映纯属思维领域对象的虚概念（思维领域中纯属空想的东西当然也可以作为思维对象）。（二）这个定义是关于“规定性（或特有属性）”的，而不是关于“本质属性”的。这种规定性（或特有属性）指的是对象之所以为对象的特殊性的规定性，它可以是对象区别于其他不同对象的非本质属性。因此，这个定义既可解释初级概念，也可解释深刻的科学概念。此外，这种规定性（或特有属性）可以是客观事物固有的质的规定性（在实概念反映的思维对象中就是这样），也可以是纯思维领域中某对象之人为的、约定俗成的规定性（在虚概念反映的思维对象中就是这样）。实概念情况较易理解，不在此赘述。这里仅以“上帝”这一概念为例说明一下虚概念的情况。可以说，“上帝”这个虚概念的规定性（或特有属性）就是“全智全能的神的主宰”。这种规定性（或特有属性）当然不能说是本质属性。因为“上帝”在客观现实世界中过去、现在以至将来都是不存在的，所以，它只是人为的、约定俗成的规定性。由此可见，修正过的定义既适用于实概念，也适用于虚概念。一句话，这个新定义适用于形式逻辑研究的概念总体。

综上所述，对形式逻辑中旧有的“虚假概念”理论的改造包括：（一）废止概念分为真假两类的错误提法；（二）采用把概念总体分作实概念和虚概念的新的分类法；（三）相应地修正旧有的概念的定义。只有这样，我们才能排除逻辑理论中这部分内容的自相矛盾。概念的定义更新了，虚概念与概念的定义就不再相互冲突了。虚概念作为概念是既有内涵又有外延的：其内涵就是该概念所反映的思维对象的人为的、约定俗成的那些规定性，其外延就是具有那些规定性的对象范围。这样理解，与每一个概念都有内涵和外延的说法也完全一致。

编后记

程谪凡先生一生学术成果颇丰，在教育学、逻辑学等领域成就显著，本书即程谪凡先生一生教育研究成果的萃编。本书根据文章内容，主要划分为5篇，总计21余万字。

鉴于本书所收录的文章写作时间跨度数十年，且每篇文章都具有当时的时代特征，为了让读者更好地理解每篇文章，书中的每篇文章都以最初发表或定稿时的原貌呈现给读者，特别是时间节点，不做改动，以防有所漏缺和误解。在编校过程中，我们在尊重原文的基础上，仅对文章中确属错误的文字、标点符号和一些无歧义的异体字略作修改，并对同一篇文章中的引文、注释格式等做出了适当的修正，使之大致统一，其他则一律依旧。

编　者

2022年1月